LAURENT GBAGBO

COTE-D'IVOIRE : POUR UNE ALTERNATIVE DÉMOCRATIQUE

Editions L'Harmattan
7, rue de l'Ecole-Polytechnique
75005 Paris

DU MÊME AUTEUR

Réflexions sur la Conférence de Brazzaville, Ed. Clé, Yaoundé, 1978.

Soundjata, Lion du Manding, Ed. CEDA, Abidjan, 1979.

La Côte-d'Ivoire : Economie et Société à la veille de l'Indépendance (1940-1960), Ed. L'Harmattan, Paris, 1982.

ISBN : 2-85802-303-4

« Il y a quelque chose de plus odieux que l'esclavage : c'est d'avoir des esclaves et de les appeler citoyens. »

Diderot, cité par Ouezzin Coulibaly, Débats de l'Assemblée nationale française, 3e séance du 26 juillet 1949, p. 5 300.

Introduction

La Côte-d'Ivoire. Il y a aujourd'hui vingt-six ans que le P.D.C.I. est au pouvoir dans ce pays (1) ; vingt-cinq ans que la République a été instituée (2) ; vingt-trois ans que l'Indépendance a été proclamée (3). Un quart de siècle. C'est suffisant pour faire un bilan. Le bilan de la gestion de notre pays par un homme, Houphouët-Boigny ; par un parti, le P.D.C.I. Un mot caractérise ce bilan : *dictature*. Dictature personnelle d'un individu appuyé sur ce parti unique de godillots. Ce livre décrit la mise en place de ce système et ses mécanismes de répression à travers les cas les plus significatifs. Les conséquences ?

— Les institutions républicaines sont vidées de leurs contenus : l'Assemblée nationale est devenue une chambre d'enregistrement et la Cour Suprême une chambre muette. Il n'existe aucun contre-pouvoir. Cela signifie une gestion débridée, sauvage, sans planification, au jour le jour ; une gestion qui se fait au gré de l'humeur d'un homme qui, au soir de sa vie, aujourd'hui, semble avoir eu pour ambition principale dans sa carrière politique de transformer son modeste village de Yamoussoukro en une Brazilia africaine. Aucun contre-pouvoir, ai-je dit ; cela signifie la spoliation pure et simple des paysans dans des conditions éhontées et scandaleuses, l'enrichis-

---

(1) P.D.C.I. : Parti Démocratique de Côte-d'Ivoire, parti unique. Le P.D.C.I. a accédé au pouvoir le 17 mai 1957, à la suite des élections législatives de mars 1957 qui lui ont permis d'enlever la totalité des sièges à l'Assemblée territoriale ; ces élections ont eu lieu dans le cadre des institutions créées dans les colonies françaises par la loi n° 56-619 du 23 juin 1956.

(2) La République a été proclamée le 4 décembre 1958 dans le cadre de la communauté franco-africaine créée par la Constitution de la Ve République française.

(3) L'Indépendance a été proclamée le 7 août 1960.

sement vertigineux et incroyable de ceux qui sont aux affaires, le président de la République et sa famille en tête.

— L'uniformisation de la pensée dans tout le pays ; tout le monde doit penser comme le « Père de la Nation » et ne dire que ce qui va dans le sens de la voie qu'il a tracée. Ceux qui dans leurs propos ou dans leurs écrits s'écartent de la ligne du « Guide éclairé » sont dénoncés comme des ennemis de la Côte-d'Ivoire, arrêtés et emprisonnés. Certains trouvent la mort dans ces cas-là. C'est pour vider le pays de tels individus que Houphouët-Boigny organise périodiquement des « complots ».

— Les Ivoiriens n'ont absolument aucun moyen de contrôle sur la gestion des affaires. Les partis d'opposition sont interdits, et ceci en contradiction avec l'esprit et la lettre de la Constitution ivoirienne. Une centrale syndicale toute à la dévotion du parti unique a été mise en place ; les syndicats qui se créent parallèlement et qui se veulent un tant soit peu autonomes sont sévèrement réprimés et dissous. Les grèves sont toutes déclarées illégales et politiques ; à ce titre elles sont réprimées avec une brutalité inouïe.

— Le tribalisme anachronique ; désireux de se maintenir au pouvoir à tout prix, refusant l'existence de partis autres que le sien, Houphouët-Boigny joue les ethnies les unes contre les autres, jetant de temps en temps l'anathème sur l'une d'entre elles pour mieux asservir les autres. Ce fut le cas en 1959, 1961 et 1970 quand il se déchaîna contre les Agni ; ce fut le cas en 1970 et 1982 quand il se déchaîna contre les Bété.

De toutes ces forfaitures commises contre la Côte-d'Ivoire, ce livre rend compte. En ce sens, notre ouvrage est d'abord un témoignage. Témoignage sur la nature réelle du régime ivoirien. Témoignage parce qu'il faut que le peuple de Côte-d'Ivoire se souvienne. Et il se souviendra. Les jeunes générations nées au moment de la proclamation de l'Indépendance n'ont pas connu les angoisses, le climat de terreur et de délation généralisée des « complots » de 1963-1964. Elles doivent savoir. Et elles sauront. Nous voulons éviter à notre peuple de tomber dans la spirale de la violence ouverte que nous prépare (inconsciemment ?) la dictature houphouétiste. Il faut pour cela que notre peuple connaisse le P.D.C.I. afin de pouvoir éviter ses pièges.

Nous nous battons pour l'avènement du multipartisme dans notre pays. Les arrestations dont nous avons été l'objet, les emprisonnements, les bastonnades, les injures, les diffamations, les intimidations, et aujourd'hui l'exil, n'ont entamé en rien notre conviction que l'avenir de notre pays et de notre peuple se trouve dans la liberté pour chacun et pour tous.

Rendre chacun responsable de l'avenir de son pays par la liberté qu'il a de critiquer, de contredire, de proposer, de participer, d'adhérer, de construire ; rendre la parole à ceux qui ont quelque chose à dire mais qui sont cloués par la peur qu'inspire la répression au quotidien ; faire entrer notre pays dans la République et notre peuple dans la démocratie ; faire de nos différentes sensibilités politiques le levain de la construction nationale ; bâtir l'avenir sur le droit et non pas sur l'arbitraire ; tels sont nos objectifs. Ils sont simples. Ils sont clairs. Mais pour justifier l'injustifiable, pour justifier la dictature du parti unique, Houphouët et ses hommes ont recours à des arguments fallacieux.

Ils prétendent que le multipartisme ferait naître le tribalisme. C'est faux. Entre 1946 et 1957, la Côte-d'Ivoire a connu le multipartisme. Je montre dans ce livre qu'aucun des partis de cette époque n'a été créé sur des bases tribales. J'indique les deux problèmes essentiels qui ont été les thèmes majeurs de la propagande politique à cette époque-là : l'attitude des partis vis-à-vis de la France et des institutions de l'Union française ; l'attitude des partis vis-à-vis du communisme (c'est d'ailleurs sur ce second point que les autres partis, qui étaient farouchement anticommunistes, s'opposaient le plus durement au P.D.C.I. qui, lui, était allié au P.C.F.). Brandir aujourd'hui l'épouvantail du tribalisme pour justifier le maintien de la dictature, c'est occulter volontairement le témoignage de l'histoire. C'est mentir.

Ils prétendent que le parti unique préserve la paix intérieure. C'est faux. Au Tchad de Tombalbaye hier, au Zaïre de Mobutu aujourd'hui, nous avons affaire à des régimes à parti unique : il y eut la guerre civile. Le Congo de Lumumba était une démocratie pluraliste : il y eut la guerre civile. Le problème de la paix intérieure ou de la guerre civile n'est donc pas un problème de parti unique ou de multipartisme ; c'est un problème lié, dans le cas de nos pays sous-développés, soit à l'accumulation et à l'aiguisement de contradictions mal résolues, soit à la manipulation des forces impérialistes externes, soit à la conjugaison de ces deux facteurs.

Ils prétendent que le parti unique, en mobilisant toutes les énergies nationales sur les problèmes de productivité, permet de sortir rapidement du sous-développement. C'est faux. Si cette affirmation était fondée, il n'y aurait pratiquement plus de pays sous-développés sur terre, étant donné que les pays sous-développés sont dotés généralement de régimes dictatoriaux. Je suis même persuadé qu'en dépersonnalisant l'homme, le parti unique crée les conditions psychologiques et culturelles de la perpétuation du sous-développement.

Nous nous battons donc pour l'avènement de la démocratie dans notre pays. Et dans le cadre de cette lutte, des camarades m'ont demandé de rédiger un ouvrage qui puisse servir de base de discussion à tous les démocrates ivoiriens afin de jeter les fondements d'un vaste mouvement démocratique. En ce sens, ce livre est un appel. Un appel à tous ceux qui désirent un changement réel dans notre pays, mais qui sont cloués par la peur de la brutalité réactionnaire et par les conditions que crée cette brutalité ; un appel à tous ceux qui sont exclus de la vie nationale, prostrés dans un exil intérieur ; un appel à tous ceux qui attendent, attendent... et attendent toujours que le jour se lève enfin. Aux jeunes surtout, je dis ceci : l'avenir appartient à ceux qui le construisent. Eh bien construisons ensemble celui de notre chère Côte-d'Ivoire.

1

La mise en place du système (1951-1965)

C'est le 4 décembre que fut proclamée la République de Côte-d'Ivoire, République au sein de la communauté franco-africaine. Mais cette communauté ayant eu une vie éphémère, les pays du Conseil de l'Entente (1) négocièrent avec la France le transfert des compétences et l'indépendance de la Côte-d'Ivoire fut proclamée le 7 août 1960. Entre temps l'Assemblée législative élue le 12 avril 1959 avait demandé à Félix Houphouët-Boigny d'assumer les fonctions de Premier ministre. Rendant sa démission du gouvernement Debré, Félix Houphouët-Boigny était venu en Côte-d'Ivoire où il avait formé son premier gouvernement en mai 1959. Mais dès qu'il arriva en Côte-d'Ivoire, le président du P.D.C.I. (2) se rendit compte qu'il n'avait pas du tout la situation en main : les travailleurs, les fonctionnaires, les étudiants, même les cadres de son propre parti, tout le monde avait pris goût au débat démocratique et tout le monde attendait beaucoup de la jeune République. Le chef du gouvernement avait le choix entre deux solutions : ou bien s'engager dans la voie de l'approfondissement de la démocratie instaurée par le système colonial dès la fin de la Seconde Guerre mondiale ; ou bien, pour notre plus grand malheur, s'engager dans la voie de la répression et de l'instauration d'une

(1) Le Conseil de l'Entente était, à l'époque, composé des pays suivants : Dahomey (le Bénin actuel), Côte-d'Ivoire, Niger, Haute-Volta.

(2) P.D.C.I. : Parti Démocratique de Côte-d'Ivoire.

dictature personnelle. Hélas ! c'est cette deuxième solution qu'il choisit. Il conçut donc un ensemble de moyens et de méthodes qu'il mit en pratique et qui aboutit à deux résultats majeurs : *primo*, le P.D.C.I. devenait un parti unique affichant ouvertement sa prétention de représenter toutes les classes sociales et toutes les sensibilités politiques ; *secondo*, Houphouët-Boigny devenait le chef incontesté et incontestable, le « Père de la Nation », la seule référence possible, le principe vivifiant de toute réflexion et de toute action.

L'ensemble des moyens et des méthodes utilisés pour aboutir à cette dictature personnelle, le fonctionnement interne de cette dictature et les comportements qu'elle suscite, voilà ce que j'appelle *système*.

L'instauration du parti unique (1951-1959)

Pour s'imposer comme parti unique, le P.D.C.I. utilisa deux moyens. Dans un premier temps, jusqu'en 1957, il utilisa la méthode de la main tendue et s'évertua à phagocyter petit à petit les partis de la première génération sans remettre en cause le principe de la démocratie pluraliste. Dans un second temps, lorsqu'il fut parvenu au pouvoir en 1957 (3), il empêcha le fonctionnement sérieux de tout parti concurrent, puis finit par prêcher ouvertement à partir de 1959-1960 la nécessité du parti unique pour préserver l'unité nationale et s'atteler aux tâches de développement.

L'absorption des partis de la première génération (1951-1957)

Nous avons expliqué ailleurs les conditions de naissance de la vie politique de type moderne en Côte-d'Ivoire (4). Entre 1946 et 1951, il existait en Côte-d'Ivoire

(3) C'est à partir du 17 mai 1957 que le P.D.C.I., parti majoritaire, commença à exercer le pouvoir conformément aux dispositions de la loi-cadre.

(4) L. Gbagbo, *Côte-d'Ivoire : économie et société à la veille de l'Indépendance*, Ed. L'Harmattan, Paris, 1982, pp. 26 et sq.

cinq partis politiques. Avant de montrer comment les quatre autres partis ont été phagocytés par le P.D.C.I., il nous faut présenter tous ces partis en indiquant leurs principales caractéristiques. L'ordre dans lequel nous les présentons ici obéit à leurs dates respectives d'apparition.

La Fédération S.F.I.O. de Côte-d'Ivoire

Une section de la S.F.I.O. existait en Côte-d'Ivoire depuis l'époque du Front populaire, mais elle n'était animée que par des Français. Dissoute sous le régime de Vichy, elle se reconstitua en 1945 et s'africanisa à partir de 1946, avec l'arrivée en Côte-d'Ivoire de Dignan Bailly qui avait déjà milité en France dans les rangs socialistes. Les leaders socialistes ivoiriens dont nous avons pu retrouver les noms sont : Dignan Bailly, N'Diaye Guirandou, Gogoua Lambert (5). Très profondément attachée à l'Union française et à la France, très violemment anticommuniste, la S.F.I.O. n'eut jamais une grande influence sur la scène politique ivoirienne.

Le P.D.C.I. (Parti Démocratique de Côte-d'Ivoire)

En avril 1946 les différents groupes et individus qui avaient soutenu la candidature de Félix Houphouët-Boigny décidèrent la création d'un parti politique qui devait prendre le nom de Parti Démocratique de Côte-d'Ivoire (P.D.C.I.).

On trouvait à l'origine de la création du P.D.C.I. ceux qu'on avait trouvés pour le Syndicat Agricole Africain (S.A.A.) : les éléments de la bourgeoisie agraire ivoirienne (6). Pour celle-ci, il s'agissait de lutter pour la libération de la main-d'œuvre agricole de telle façon qu'elle pût être plus justement répartie entre les exploiteurs et qu'on pût détourner de la Gold-Coast le courant migratoire voltaïque ; il s'agissait de lutter contre la toute-puissance des grandes maisons de commerce ; il fallait lutter pour la suppression de la discrimination du prix à l'achat des produits ; il fallait enfin lutter pour conquérir la participation à la gestion des affaires publiques.

(5) *La Côte-d'Ivoire,* n° 406 du samedi 13 octobre 1951.
(6) L. Gbagbo, *op. cit.*, pp. 28 et sq.

Participèrent ensuite à la création et à la vie du P.D.C.I. les intellectuels (7) dans les cœurs desquels la lutte du Syndicat Agricole avait fait naître un grand espoir et qui étaient enfin heureux de pouvoir trouver une structure politique pour exprimer tout ce qu'ils avaient dû refouler jusque-là. Beaucoup d'entre eux avaient milité dans les Groupes d'Etudes Communistes (G.E.C.).

A la campagne, la grande majorité de la paysannerie était acquise au P.D.C.I. parce que l'homme qui le dirigeait était celui qui, depuis 1944, se battait avec le Syndicat Agricole Africain pour la suppression du travail forcé ; celui qui, en tant que député, venait d'obtenir l'abolition de ce travail forcé (8).

Le P.P.C.I. (Parti Progressiste de Côte-d'Ivoire)

C'est également en 1946 que naquit le Parti progressiste de Côte-d'Ivoire (P.P.C.I.), de la rencontre des organisations et individus qui avaient soutenu en 1945 la candidature de Kouamé Benzème. Les principaux dirigeants de ce parti sont Kacou Aoulou, Joseph Coffi, Julien Yayobi, Etti Arthur (9). Le P.P.C.I. se caractérise par son attachement à la France et à l'Union française. Il se fixe les objectifs suivants :

> « *Grouper tous les hommes de bonne volonté qu'anime le désir de collaborer à l'évolution des masses innombrables de chez nous, autour de quelques objectifs immédiats : dénoncer et combattre toute manœuvre tendant à aliéner nos libertés, à limiter nos droits et à saboter notre progrès, organiser le travail des masses laborieuses pour un rendement optimum, inciter les lettrés à perfectionner leur culture et lutter contre l'analphabétisme, favoriser l'indépendance individuelle pour armer chaque citoyen contre l'oppression, contre toute forme d'exploitation qu'elle soit blanche ou noire, préparer les cadres de la société de demain ; mieux choisir les cadres d'aujourd'hui* » (10).

---

(7) Nous entendons par là les cadres africains lettrés de l'administration et du secteur privé.

(8) Les principaux dirigeants du P.D.C.I. sont : Houphouët-Boigny, Auguste Denise, Jean-Baptiste Mockey, Koffi Gadeau.

(9) *Rapport Damas*, tome 1, p. 230.

(10) *Le Progressiste*, n° 1, octobre 1947.

L'E.D.I.C.I. (l'Entente des Indépendants de Côte-d'Ivoire)

A la fin de l'année 1949 — à la suite des événements du 6 février 1949 — fut créé à Abidjan un mouvement dénommé l'Entente des Indépendants de Côte-d'Ivoire (E.D.I.C.I.) (11), formé des transfuges du P.D.C.I. Dans le même ordre d'idée s'était formé à Bouaké un mouvement similaire dénommé l'Union des Indépendants de Côte-d'Ivoire (U.I.C.I.). Au début de l'année 1950 les deux mouvements se rencontrèrent, représentés par N'Dia Koffi Blaise et Mansila Léopold pour l'U.I.C.I., et par Vamé Doumouya et Touré Amidou pour l'E.D.I.C.I. L'issue de cette rencontre fut sanctionnée par la publication d'une proclamation dans laquelle les deux mouvements annonçaient leur fusion en une seule organisation qui gardait la dénomination d'E.D.I.C.I. (12).

Très attaché à la France et à l'Union française, ce mouvement, anti-communiste, se définit surtout par rapport au P.D.C.I. Dans son manifeste on lit en effet :

> « *Considérant le triste bilan de ces trois années de gestion scandaleuse de nos affaires par ce parti [le P.D.C.I] qui est sorti de son cadre naturel pour suivre une voie génératrice de désordre politique, social et économique (...) ; considérant que nous, Français d'Afrique, sommes décidés à bâtir l'Union française dans la farternité, l'union et la concorde (...) ;*
> *Déclarons solennellement nous désolidariser du R.D.A* (13) *et annonçons la naissance de notre mouvement d'autonomie politique* » (14).

Le B.D.E. (Bloc Démocratique Eburnéen)

Comme l'E.D.I.C.I., le Bloc Démocratique Eburnéen est créé en 1949 par un transfuge du P.D.C.I., Etienne Djaument, qui reproche au P.D.C.I. sa « soumission » au Parti communiste français. Sa position (qui est celle du

---

(11) *La Côte-d'Ivoire* du 10 décembre 1949.
(12) *La Côte-d'Ivoire* du 11 mars 1950.
(13) R.D.A. : Rassemblement Démocratique Africain ; ce mouvement, créé le 18 octobre 1946, couvre l'ensemble des territoires de l'A.O.F. et de l'A.E.F. ; le P.D.C.I. est sa section ivoirienne, et Houphouët-Boigny est son président. Sur le plan intérieur ivoirien, lorsqu'on parle du R.D.A. il s'agit en fait du P.D.C.I.
(14) *La Côte-d'Ivoire* du 10 décembre 1949.

Bloc) peut se résumer dans les propos qu'il tient à Houphouët-Boigny en 1948 :

> « *Je sais que tu es pour les communistes, puisqu'à Paris, ils t'appellent le Thorez africain. Je sais que ce surnom te plaît à un haut point. Continue. Quant à moi, ma position est prise ; autour du programme initial du P.D.C.I., débarrasser le pays des agents de trouble et de rébellion que vous êtes tes amis et toi. Souviens-toi de la gravité des ordres que tu as reçus des communistes. Leur exécution risque de créer la guerre civile en Côte-d'Ivoire. Mon opposition ouverte, sans équivoque, t'empêchera de nuire à nos compatriotes* » (15).

Donc, le multipartisme existait dans notre pays durant la dernière période de l'ère coloniale. A partir de 1947 trois phénomènes vont se conjuguer et aboutir à un bouleversement du paysage politique :

a) dans le contexte de la guerre froide où tout mouvement nationaliste et indépendantiste était assimilé à un mouvement communiste, le gouvernement français, assimilant à tort le R.D.A. à un mouvement nationaliste et indépendantiste sous prétexte que celui-ci était apparenté au Parti communiste français, décida de le traquer partout. Comme sa section la plus forte et son président étaient en Côte-d'Ivoire une répression féroce s'abattit sur les militants du P.D.C.I. ;

b) l'aile droite du P.D.C.I. désirait plus que tout cesser le combat contre le colonat, contre l'administration coloniale, contre le gouvernement français. En effet, la bourgeoisie agraire, qui constituait l'aile droite du parti, avait des raisons bien précises qui avaient motivé son intrusion sur la scène politique : la discrimination entre Blancs et Noirs au niveau de l'achat des produits agricoles, la discrimination au niveau de la répartition de la main-d'œuvre agricole ; elle avait en commun avec toutes les franges de la bourgeoisie ivoirienne la revendication de la participation à la gestion des affaires publiques. Les lois votées par la première Constituante satisfaisaient les revendications de la bourgeoisie agraire : abolition de l'indigénat, suppression de la justice indigène en matière pénale, extension de la citoyenneté française aux habi-

---

(15) *Rapport Damas*, tome 3, p. 977.

tants des colonies, liberté de réunion et d'association, suppression du travail forcé... Après le vote de ce train de lois, l'aile droite du P.D.C.I. n'avait plus de raison objective de continuer la lutte contre les colons, contre l'administration coloniale, contre le gouvernement français. Nous savons aujourd'hui que dès 1948, Houphouët-Boigny, le représentant de cette aile droite, entreprit, sans l'avis de ses camarades de parti, des démarches pour quitter l'alliance communiste et s'aligner sur les positions de l'administration coloniale et du gouvernement (16) ;

c) sur le plan ivoirien, les colons et l'administration coloniale appuyaient à fond tous les partis opposés au P.D.C.I. dans le but avoué de grignoter les bases électorales de celui-ci. Tandis que l'administration truquait sans vergogne les listes électorales (entre 1946 et 1951, le nombre des électeurs ivoiriens passe de 200 000 à 140 000 !) (17), le journal colonialiste d'André Ply, *La Côte-d'Ivoire*, appelle ouvertement à un front uni anti-P.D.C.I. (18).

Ces trois phénomènes aboutissent en 1950 au désapparentement du R.D.A. d'avec le P.C.F. Sur ce désapparentement, presque tout a déjà été dit ; les avis les plus contradictoires ont été donnés.

Mais ce dont on a peu parlé et qui est au centre de notre propos, c'est l'utilisation qu'a faite le P.D.C.I. de ce désapparentement pour se lancer à la conquête des autres partis ivoiriens. Sur quelles bases en effet la S.F.I.O., le Parti Progressiste, l'Entente des Indépendants et le Bloc Démocratique Eburnéen étaient-ils opposés au P.D.C.I. ? Il y en a trois essentiellement :

a) ces partis sont très attachés aux valeurs françaises, à l'Union française, à la France ; implicitement, ils rejettent donc toute idée d'autonomie et d'indépendance ;

b) ils veulent travailler étroitement avec les autorités françaises — en un mot ils veulent collaborer — pour la mise en valeur des richesses du pays ;

c) ils sont d'un anti-communisme virulent et très primaire.

---

(16) *La Côte-d'Ivoire*, n° 416 du 17 novembre 1951.

(17) Jacques BAULIN, *La politique intérieure de la Côte-d'Ivoire*, Ed. Eurafor-Press, Paris, 1982, p. 172.

(18) *La Côte-d'Ivoire*, n° 372 du samedi 16 juin 1951.

Sur ces trois points, Houphouët-Boigny les prend à contre-pied. Au cours d'un meeting organisé par le P.D.C.I. au stade Géo-André d'Abidjan, le 6 octobre 1951, pour expliquer le désapparentement d'avec le P.C.F., Houphouët-Boigny lit une grande déclaration dans laquelle il rejette le communisme, affirme le désir de son parti de travailler avec tout gouvernement légal français, appelle toutes les forces politiques ivoiriennes à l'union en vue du développement. Nous reproduisons un très large extrait de cette déclaration qui a marqué une étape importante dans la vie politique ivoirienne :

> « (...) *Le R.D.A. peut beaucoup dans ce pays : il peut et doit rapprocher les hommes de bonne volonté, quelle que soit leur idéologie politique, pour la réalisation en commun d'un programme de progrès économique et social dans l'intérêt supérieur de la Côte-d'Ivoire, de la France et de l'Union française.*
>
> *Nous nous sommes rendus compte que notre apparentement au groupe communiste était, dans une certaine mesure, un empêchement à ce rapprochement.*
>
> *Et à l'heure actuelle, malgré notre désapparentement, bien des personnes restent sceptiques, notamment en Côte-d'Ivoire.*
>
> *Or, l'union pour une politique constructive est une nécessité vitale, aussi vais-je, une fois de plus, réaffirmer notre position, laissant au temps le soin de dissiper définitivement toute équivoque, toute suspicion* (...)
>
> (...) *Certains de nos cadres, craignant le communisme, nous quittèrent, d'autres furent forcés de se séparer de nous.*
>
> *Des hommes d'accord sur le but à atteindre se livrèrent une lutte fratricide* (...)
>
> (...) *Nous avons fait triompher à Bamako la thèse de la collaboration avec la Nation française et son peuple généreux sur la thèse de l'autonomie.*
>
> *Cela suppose inévitablement la collaboration avec tout gouvernement légal que la République se sera donnée* (...)
>
> (...) *Nous avons quitté l'apparentement d'avec le groupe communiste. Nous avons voté et continuons à voter la confiance aux gouvernements. On a compris à Paris les raisons supérieures de notre refus de toute polémique.*
>
> *Nous n'avons jamais partagé l'idéologie communiste.*
>
> *Pas un seul de nous n'a prêché en Afrique la lutte des classes, le partage des terres, etc.* (...)
>
> (...) *Je saisis l'occasion pour saluer Dignan Bailly*

(19), *un ami retrouvé, qui tout en restant socialiste, vient de jeter avec moi les bases d'une étroite collaboration, mettant ainsi fin à une querelle stérile qui n'a que trop duré au préjudice des masses que nous représentons. J'adresse le même appel fraternel à tous ceux qui, à des titres divers, ont cessé de militer dans nos rangs tout en demeurant fidèles à notre idéal commun.*

Demeurez si vous le voulez dans vos nouveaux partis. Nous ne refuserons certes pas ceux qui voudront nous rejoindre. Mais ce qui compte le plus à nos yeux, c'est l'union de tous les hommes de bonne volonté, pardessus nos partis politiques et dans l'intérêt supérieur de la Côte-d'Ivoire, de la République et de l'Union française (...) » (20).

Rejet de l'idée d'autonomie et d'indépendance, rejet du communisme, attachement à la France et à ces institutions, appel à l'union de toutes les forces politiques en vue du développement économique, tels sont désormais les thèmes que va développer le président du P.D.C.I. à travers toutes ses prises de position publiques. C'est notamment le cas lors du meeting qu'il tient sur le marché de Grand-Bassam le 20 décembre 1951 (21), lors des réponses qu'il donne aux dix questions que lui pose André Ply (22) et lors de la Conférence-dialogue qu'il a avec les représentants du Colonat (23).

Cet appel à l'union ne vise-t-il pas — déjà — l'instauration d'un parti unique ? La question est clairement posée à Houphouët-Boigny par André Ply au nom des Européens de Côte-d'Ivoire qui redoutent par-dessus tout un tel système. La réponse est tout aussi claire ; il ne veut pas de parti unique : « *Mon appel vise à la collaboration des partis en présence sur la base d'un programme minimum, et non à leur fusion* » (24).

Comment les autres partis de Côte-d'Ivoire vont-ils réagir à cette nouvelle donnée ? Comment la situation politique dans le pays va-t-elle se trouver modifiée à partir de cette manœuvre du leader du P.D.C.I. ?

---

(19) Il y avait à ce meeting, dans les tribunes, une délégation de la Fédération socialiste de la Côte-d'Ivoire composée de MM. Dignan Bailly, N'Diaye Guirandou, Gogoua Lambert.

(20) *La Côte-d'Ivoire*, numéro spécial, supplément au n° 405 du 10 octobre 1951.

(21) *La Côte-d'Ivoire*, n° 429 du mercredi 2 janvier 1952.

(22) *La Côte-d'Ivoire*, n° 410 du samedi 27 octobre 1951.

(23) *La Côte-d'Ivoire*, n° 416 du samedi 17 novembre 1951.

(24) *La Côte-d'Ivoire*, n° 410 du samedi 27 octobre 1951.

La première réaction est celle de la Fédération socialiste dont le leader, Dignan Bailly, déclare au meeting du 6 octobre auquel il avait pris part à la tête d'une délégation :

> « (...) *si j'ai accepté d'assister à cette conférence, c'est qu'à plusieurs reprises, et directement et indirectement, Houphouët m'a donné l'assurance qu'il avait changé de ligne de conduite politique, c'est-à-dire qu'il avait rompu avec le parti communiste. Il vient de confirmer publiquement cette déclaration et j'en prends acte* (...)
> (...) *Quand le différend qui existe entre deux lutteurs a pris fin, la réconciliation est de règle. Eh bien ! Dans l'intérêt de notre pays, pour la paix et la tranquillité en Côte-d'Ivoire, vous devez comme moi accepter la réconciliation* (...) » (25).

Ce fut le premier ralliement. Il est sans équivoque. Quelques mois plus tard, le Bloc Démocratique Éburnéen fait connaître sa position ; nous lisons sous la plume de son président, Etienne Djaument :

> « (...) *A ceux qui pourraient, peut-être, s'étonner de nous entendre tenir ce langage, nous disons que nous avions combattu le R.D.A. sur un seul point :* sa soumission au communisme anti-national (26). *Si trois ans plus tard le député Houphouët-Boigny, avec courage, extrait cette tare de sa politique, si trois ans plus tard le R.D.A. comprend qu'il doit travailler, en collaboration avec tout gouvernement légal de la France, à l'évolution de nos populations dans le cadre de la République et de l'Union française, il n'y a plus de raison à une opposition systématique* (...) » (27).

C'est le deuxième ralliement. Il est également sans équivoque. Quant aux deux autres partis, l'Entente des Indépendants de Côte-d'Ivoire (E.D.I.C.I.) et le Parti Progressiste de Côte-d'Ivoire (P.P.C.I.), nous n'avons pas trouvé de prises de position de leurs états-majors respectifs concernant le problème de l'union. Cependant, nous savons qu'ils ont décidé de fusionner et de créer un nouveau parti (28), le parti de l'Union française de

---

(25) *La Côte-d'Ivoire*, n° 406 du samedi 13 octobre 1951.
(26) Ce passage est souligné dans le texte d'origine.
(27) *La Côte-d'Ivoire*, n° 438 du samedi 2 février 1952.
(28) *La Côte-d'Ivoire*, n° 413 du mercredi 7 novembre 1951.

Côte-d'Ivoire, le P.U.F.C.I. D'autre part, en vue des élections du 30 mars 1952 pour le renouvellement du Conseil général (29), le P.D.C.I. propose aux autres organisations un *« programme minimum d'essor économique et de paix sociale »* ; ce programme est contenu dans une déclaration (datée du 12 mars 1952) signée pour les organisations respectives par Auguste Denise, secrétaire général du P.D.C.I., Adrien Dignan Bailly, secrétaire fédéral de la Fédération S.F.I.O., Vamé Doumouya, secrétaire administratif du P.U.F.C.I., André Ply, membre des Forces françaises libres, Félix Houphouët-Boigny, député de la Côte-d'Ivoire, président du R.D.A., Ernest Cazales, conseiller de l'Union française, représentant du comité directeur du Parti socialiste S.F.I.O. (30). La signature du P.U.F.C.I. au bas de cette déclaration marque le ralliement de l'E.D.I.C.I. et du P.P.C.I.

L'année 1952 marque un tournant important dans la vie politique en Côte-d'Ivoire. Elle marque la fin réelle de tous les partis opposés au P.D.C.I. et leur adhésion à celui-ci. Oh ! bien sûr, dans la réalité les choses ne sont pas aussi simples ; il y aura encore quelques velléités : la liste d'union suscitée par le P.D.C.I. aux élections du 30 mars 1952 rencontrera quelques oppositions, y compris même au sein du P.D.C.I. (31). A Paris, Sekou Sanogo proteste contre le fait que la majorité gouvernementale accorde soudain la prééminence à Houphouët-Boigny, *« ce collaborateur de la onzième heure »*, mais pour l'essentiel, les jeux sont faits. De parti majoritaire, le P.D.C.I. est devenu parti dominant. Quant aux autres organisations, elles ne font plus que graviter autour du parti dominant et de son leader. Deux faits importants vont leur porter l'estocade finale. En janvier 1956, Houphouët-Boigny entre au gouvernement français en qualité de ministre délégué à la présidence du Conseil (32) ; cet événement a un très grand impact sur les populations de Côte-d'Ivoire et lors de la tournée qu'il effectue en Côte-d'Ivoire en avril-mai 1956, le nouveau ministre reçoit

---

(29) Le Conseil général deviendra Assemblée territoriale en 1957.

(30) *La Côte-d'Ivoire*, n° 450 du mercredi 15 mars 1952.

(31) J. Baulin, *op. cit.*, p. 75.

(32) Il restera ministre dans les gouvernements successifs jusqu'au 27 avril 1959, date à laquelle il devient Premier ministre de la République de Côte-d'Ivoire, membre de la Communauté franco-africaine.

des populations un accueil triomphal. Les élections législatives qui ont lieu le 31 mars 1957 pour élire les membres de la nouvelle Assemblée territoriale telle qu'elle est définie par la loi-cadre traduisent en chiffres ce triomphe : les soixante sièges à pourvoir sont tous enlevés par les candidats P.D.C.I.

A partir de ce moment les autres partis se sabordent carrément et, de parti dominant, le P.D.C.I. devient parti unique de fait. En 1957 nous pouvons considérer que les partis de la première génération ont tous disparu sauf le P.D.C.I. Ils ont été phagocytés par lui.

Quatre remarques pour conclure ce sous-chapitre.

• La caractéristique essentielle de tout parti, c'est qu'il recherche la prise du pouvoir pour l'application de son programme. Tout parti, qu'il soit révolutionnaire ou réformiste, lutte pour la prise du pouvoir. C'est en cela qu'un parti politique se distingue de toute autre organisation. Mais nulle part, le P.D.C.I., le Parti Progressiste, la S.F.I.O., l'E.D.I.C.I., le B.D.E. ne réclament le pouvoir ; or dans une colonie, le pouvoir signifie « indépendance » ; dans un concert parfait, toutes ces organisations en conjurent même la simple idée. Ces organisations ne sont donc pas des partis. Tout au plus pouvons-nous parler de groupe de pression. Ce n'est qu'en 1960 que le P.D.C.I., groupe de pression animé par la bourgeoisie agraire au départ, va se transformer en parti — cette fois réel — de la bourgeoisie compradore s'acquittant de son rôle de classe. Si nous indiquons que les groupements formés en Côte-d'Ivoire entre 1946 et 1951 ne pouvaient pas prétendre porter le nom de parti, nous leur conservons toutefois cette appellation, à cause de la pression de l'habitude et pour la bonne intelligence de notre texte. Ce qui ne change rien à notre appréciation.

• Le Parti Progressiste, la S.F.I.O., l'Entente des Indépendants de Côte-d'Ivoire, le Bloc Démocratique Eburnéen ont, dès leurs créations, affiché des positions franchement collaborationnistes et assimilationnistes ; c'est un indice : cela signifie qu'en Côte-d'Ivoire une frange de la bourgeoisie est, dès le départ, disposée à jouer le rôle de bourgeoisie compradore. L'impérialisme français dispose donc déjà d'un atout à l'intérieur du pays, atout qu'il utilisera le moment venu.

• Le P.D.C.I. a, lui, affiché au départ des positions de lutte contre le colonat et contre l'administration coloniale (mais jamais contre le colonialisme). A partir de 1950-1951, ayant obtenu satisfaction sur l'essentiel de ses revendications, le P.D.C.I. va revenir exactement sur les mêmes bases collaborationnistes et assimilationnistes que ses concurrents. Mais ayant, par ses revendications trade-unionistes, réussi à développer une base populaire plus importante que ces partis, il va les phagocyter et se poser comme principal interlocuteur de l'impérialisme français, recueillant les fruits d'une politique compradore commencée par d'autres.

• Jusqu'en 1957, le P.D.C.I. n'a pas les rênes du pouvoir en Côte-d'Ivoire. Le pouvoir est encore exercé dans notre pays par une administration coloniale classique. Jusqu'en 1957 donc, et bien qu'il domine incontestablement la vie politique du pays, le P.D.C.I. se dit attaché à la démocratie pluraliste ; Houphouët-Boigny lance même en direction de l'administration : « *On ne doit plus entraver dans nos territoires le libre jeu de la démocratie* » (33).

La mise hors la loi des partis d'opposition (1957-1959)

A partir de 1957, la situation change du tout au tout. Vainqueur des élections législatives du 31 mars, le P.D.C.I. forme le premier gouvernement de Côte-d'Ivoire rendu public par un arrêté du chef du Territoire, de Nattes, le 17 mai 1957.

Dès l'instant où il devient parti de gouvernement, le P.D.C.I. abandonne la thèse de la démocratie pluraliste et empêche le fonctionnement puis l'existence de tout parti d'opposition.

Les 25, 26 et 27 juillet 1958 se tient à Cotonou le Congrès constitutif du Parti du Rassemblement Africain (P.R.A.). La résolution finale de ce congrès marque l'opinion, tant française qu'africaine ; en effet le Congrès adopte « *le mot d'ordre d'indépendance immédiate et décide de prendre toutes les mesures nécessaires pour mobiliser les masses africaines autour de ce mot d'ordre et de traduire, dans les faits, ce mot d'ordre d'indépendance ; opte pour la création d'une Communauté africaine, solide et progressiste avant la libre et égalitaire*

---

(33) *La Côte-d'Ivoire*, n° 410 du samedi 27 octobre 1951.

coopération politique avec toute autre Communauté » (34).

Indépendance immédiate, fédération des territoires africains, tels furent les maîtres mots de ce congrès du P.R.A. On ne pouvait pas trouver idées plus contraires à celles prônées par les dirigeants du P.D.C.I.

Après le congrès de Cotonou, il se constitue en Côte-d'Ivoire une section du Parti du Rassemblement Africain (P.R.A.). A dire vrai, ce parti n'eut qu'une assez faible audience en Côte-d'Ivoire. Mais ce qui est important, c'est que c'était un parti légal qui participait normalement à la vie démocratique du pays et entretenait des correspondances avec les autorités (35).

Or, après le passage du général de Gaulle à Abidjan et au moment où s'ouvre la campagne électorale pour le référendum du 28 septembre 1958, référendum au cours duquel les territoires africains devaient soit opter pour leur maintien au sein d'une Communauté franco-africaine en votant OUI, soit opter pour l'indépendance immédiate en votant NON, la section P.R.A. de Côte-d'Ivoire décida de faire campagne pour le NON. Aussitôt, le P.D.C.I. — qui avait décidé de faire voter OUI — se déchaîna contre le P.R.A. : le ministre de l'Intérieur interdit à ce parti de faire campagne sous prétexte... qu'il n'était pas officiellement reconnu (36) ; les dirigeants du parti sont pourchassés et Maître Assi Camille Adam dut s'exiler en Guinée.

Dans le même temps, le P.D.C.I. allait frapper impitoyablement tous les secteurs d'activité pour essayer d'étouffer à jamais les voix discordantes : mise sous tutelle des syndicalistes, mise sous tutelle des étudiants, embrigadement des fonctionnaires, bâillonnement de la presse. De tout cela nous parlerons dans les pages suivantes. Mais en 1959 la démocratie avait vécu en Côte-d'Ivoire ; le parti unique était né. Le fonctionnement d'un parti unique obéit toujours à une certaine logique : monolithisme de pensée, monolithisme d'action, dictature d'un seul individu sur le parti, donc sur la vie de l'ensemble du pays. Or en 1959, au moment où le P.D.C.I. s'installe dans le fauteuil du parti unique, un certain

---

(34) Lamine GUEYE, *Itinéraire africain*, Présence Africaine, Paris, 1966, p. 190.

(35) *La situation politique en Côte-d'Ivoire et l'indépendance nationale*, brochure éditée par le Comité National de Libération de la Côte-d'Ivoire (C.N.L.C.I.), Conakry, 1959, p. 17.

(36) *Idem*, p. 16.

nombre de cadres de ce parti n'ont pas encore compris cette logique et s'imaginent qu'ils peuvent continuer à émettre librement des points de vue différents de ceux du chef. Houphouët-Boigny va se charger personnellement de leur faire comprendre la logique du parti unique en organisant méthodiquement, entre 1959 et 1964, une série de « complots » destinés à jeter en prison tous les cadres du P.D.C.I. soupçonnés de tiédeur envers sa personne.

L'épuration du parti unique (1959-1964)

En juin 1980, Houphouët-Boigny déclarait : « *Il n'y a jamais eu de complot en Côte-d'Ivoire, ni de menace de coup d'Etat* » (37).

Or les observateurs de la vie politique ivoirienne ont en mémoire les « complots », « tentatives de coups d'Etat », « menées subversives » dénoncés à grand renfort de publicité par le P.D.C.I. et la presse ivoirienne en 1959, 1963, 1964, 1973, 1980 et 1982. Que penser de la contradiction apparente entre cette déclaration du chef d'Etat ivoirien et ces « complots » annoncés avec fracas et sévèrement réprimés ? En fait, c'est dans sa déclaration de juin 1980 qu'Houphouët-Boigny a dit la vérité, une fois n'étant pas coutume. Il n'y a jamais eu en Côte-d'Ivoire ni complots, ni tentatives de coups d'Etat, ni menées subversives contre la sûreté de l'Etat. Seulement, chaque fois qu'Houphouët a senti qu'il n'avait pas la situation bien en main dans tel ou tel secteur, il a inventé lui-même un « complot », en a désigné les « auteurs », et les a fait arrêter.

L'objectif des premiers « complots » (1959, 1963, 1964) était de débarrasser le P.D.C.I. de tous ceux qui, *à l'intérieur du régime,* portaient ombrage au chef et pouvaient être un frein à l'instauration du pouvoir personnel.

---

(37) *Fraternité-Matin* du vendredi 13 juin 1980, p. 19.

Le « complot du chat noir » ou la destitution de Mockey (1959)

L'année 1959 est décisive pour le P.D.C.I. et pour son chef. Deux événements politiques majeurs marquent la vie du parti : la naissance de la « Jeunesse R.D.A. de Côte-d'Ivoire » (J.R.D.A.C.I.) et la tenue du troisième congrès du P.D.C.I. Tirant de ces manifestations la leçon qu'il n'a pas son parti bien en main, Houphouët contre-attaque.

La naissance de la J.R.D.A.C.I.

C'est le 14 mars 1959 que se tient à Treichville le congrès constitutif de la J.R.D.A.C.I. Quatre idées dominent les travaux de cette organisation (38).

• La J.R.D.A.C.I. proclame que le colonialisme est vaincu. Cette affirmation montre que ceux qui ont rédigé le manifeste, inconscients qu'ils sont d'être dans un système néo-colonial plus que jamais à la remorque de l'impérialisme français, ne sont pas prêts à remettre en cause l'option de la bourgeoisie compradore, soit parce qu'ils n'en ont pas les moyens idéologiques, soit parce qu'ils y souscrivent consciemment. Dans les deux cas, les membres du nouveau mouvement se rendent disponibles pour jouer leur rôle de jeunesse du P.D.C.I. devant assurer la continuité de la politique de ce parti.

• Sur le plan économique, la J.R.D.A.C.I. « *dénonce tout système économique de type pacte colonial même replâtré* ».

A propos des rapports économiques avec la France, la J.R.D.A.C.I. accepte l'aide de la France mais affirme que l'aide extérieure doit être un appoint, « *l'accessoire et non le principal* » ; c'est peut-être ici le point le plus important de ce manifeste. Il s'agit d'une affirmation fondamentalement juste qui pose le principe du *rôle moteur* d'un Etat dans son propre développement économique ; mais ce point de vue de la J.R.D.A.C.I. est en contradiction avec la politique menée par Houphouët-Boigny qui tend à faire jouer à la France le rôle moteur dans le développement économique de la Côte-d'Ivoire.

---

(38) *Abidjan-Matin* du 17 mars 1959.

La J.R.D.A.C.I., sans remettre en question l'option capitaliste du P.D.C.I., sans proposer des structures vraiment nouvelles, a néanmoins une vision différente des rapports entre la France et la Côte-d'Ivoire en matière de coopération.

• En matière politique, les membres de la J.R.D.A.C.I. dépeignent la situation du pouvoir en des termes peu flatteurs pour leurs aînés : « *Un énorme flottement, l'autorité compromise, une anarchie larvée, la crise de l'autorité, l'indiscipline et la revendication, les règlements de compte à la place de la justice de l'Etat et surtout le tribalisme dissolvant. Partout, l'autorité, le pouvoir semblent en vacances.* »

Pour palier cette vacance du pouvoir et de l'autorité, le texte de la J.R.D.A.C.I. réclame :

— une doctrine précise pour guider l'action de la jeunesse, voire du parti tout entier, car « *les improvisations, même les plus brillantes, ne sont pas de mise* » ;

— un approfondissement de la formation des cadres politiques dirigeants et l'élévation de leur conscience politique ;

— la mise en place « *d'un régime autoritaire, voire révolutionnaire* ».

• En ce qui concerne les étudiants, le congrès demande dans un de ses rapports qu'on leur permette de s'exprimer librement (39).

D'une manière générale, pour ce qui est du système éducatif, le manifeste de la J.R.D.A.C.I. estime que la Côte-d'Ivoire doit assurer la formation d'hommes compétents devant remplacer les cadres issus du système colonial, celui-ci n'ayant formé que des cadres subalternes, des auxiliaires.

Implicitement, cette jeunesse accepte le cadre politique défini par le P.D.C.I. qui est marqué par une orientation néo-colonialiste de la politique ivoirienne. Mais à l'intérieur de ce cadre, les jeunes du P.D.C.I. critiquent la pratique de leurs aînés et présentent une vue quelque peu différente sur les problèmes qui se posent au pays. Ces critiques ne sont pas du goût de tout le monde et en 1963-1964, Houphouët-Boigny fait arrêter les principaux

---

(39) *Fraternité* du 15 mai 1959, cité par Jacques BAULIN, *La politique intérieure d'Houphouët-Boigny*, Editions Eurafor-Press, 1982, p. 103.

dirigeants du mouvement pour « complot » ; la J.R.D.-A.C.I. cessera d'exister par la même occasion.

Mais restons encore en l'année 1959 pour parler du IIIe Congrès du P.D.C.I.

Le IIIe Congrès du P.D.C.I.

Le IIIe Congrès du P.D.C.I. se tient à Abidjan du 19 au 23 mars 1959 dans une atmosphère tendue au point que *Abidjan-Matin* présente ainsi le discours du président Houphouët-Boigny : « *Réponse donnée à ceux qui faisaient complaisamment courir le bruit de l'existence d'un fossé entre le président du R.D.A. et les militants* » (40). D'ailleurs ce congrès va présenter quatre caractéristiques frappantes :

• depuis 1947, c'est la première fois que le P.D.C.I. se réunit en congrès ; si pendant douze ans le P.D.C.I. a pu vivre sans réunir son organe suprême, c'est que le malaise devait être assez étendu pour qu'il puisse le réunir cinq jours seulement après le congrès constitutif de la J.R.D.A.C.I. ;

• à ce congrès, il se trouve les dirigeants (Jacques Baulin cite Djessou Loubo et Bocoum) pour demander l'élection du secrétaire général du parti au scrutin secret !!! (41). Quel affront pour Houphouët-Boigny qui ne voit « son » parti que comme un instrument docile où il peut à loisir déplacer « ses pions ». De fait, les élections qui ont lieu sont catastrophiques pour lui : Auguste Denise, son alter ego, son « proche parent » (42), secrétaire général depuis 1946, vice-président du Conseil de gouvernement sous le régime de la loi-cadre puis président du Conseil de gouvernement avec l'ordonnance de 1958, chef du gouvernement de la République de Côte-d'Ivoire jusqu'à ce qu'il cède ce fauteuil à Houphouët-Boigny, Auguste Denise donc est battu ; à sa place est élu Jean-Baptiste Mockey ;

• pour faire suite à la demande de la J.R.D.A.C.I. qui réclamait « une structure nouvelle dynamique », un nouvel organe est créé, le Bureau politique, désormais organe suprême du P.D.C.I. dans l'intervalle des congrès.

---

(40) *Abidjan-Matin* du 25 mars 1959.
(41) J. Baulin, *op. cit.*, p. 119.
(42) *Idem*, p. 119.

Création de la J.R.D.A.C.I. qu'Houphouët-Boigny considère comme un nid d'opposants virtuels, tenue du IIIe Congrès où la défaite d'Auguste Denise symbolise le recul de la ligne houphouétiste, telle est la situation, à l'intérieur du P.D.C.I. en 1959. A cela il faut ajouter que le Premier ministre de Côte-d'Ivoire doit affronter d'autres problèmes à l'extérieur du parti :

— sur le plan politique, la mise hors la loi du P.R.A. indépendantiste et la proclamation de l'indépendance de la Guinée (1958) favorisent le regroupement d'un certain nombre d'exilés ivoiriens à Conakry où ils créent le 18 mai 1959 le Comité National de Libération de la Côte-d'Ivoire (C.N.L.C.I.) ; cette organisation se fixe comme objectifs l'indépendance nationale et la réalisation des « Etats-Unis d'Afrique » (43).

Un peu plus tard naît à Paris le Mouvement Ivoirien de Libération (44). Au plan politique toujours, signalons que c'est également en 1959 qu'aura lieu la première manifestation de ce qu'il est convenu d'appeler « l'affaire du Sanwi » (45) :

— Le Premier ministre croise le fer avec les syndicalistes en septembre 1959 ; il fait expulser vers la Guinée Yao N'go Blaise, secrétaire général de l'U.G.E.T.A.N., révoque 213 fonctionnaires et en suspend 319 (46) ;

— s'accommodant mal de l'esprit indépendantiste des étudiants ivoiriens en cette année 1959, Houphouët ordonne l'arrestation de Mémel Foté Harris, leader de l'Association des Etudiants de Côte-d'Ivoire en France (A.E.C.I.F.) (47) ;

— signalons enfin qu'en octobre 1958, une « ligue des originaires de Côte-d'Ivoire » formée de jeunes Ivoiriens lettrés au chômage, s'en était pris violemment aux Togolais et Dahoméens, les accusant « *d'accaparer les bonnes places* » (48).

Houphouët-Boigny interpréta tous ces signes comme une menace contre sa personne, contre « son » pouvoir

---

(43) *La situation politique en Côte-d'Ivoire et l'indépendance nationale*, p. 23.
(44) J. BAULIN, *op. cit.*, p. 102.
(45) Voir *infra*.
(46) Voir *infra*.
(47) J. BAULIN, *op. cit.*, p. 102.
(48) *Idem*, p. 105.

au lieu de voir là des signaux invitant à une réflexion approfondie sur la politique à mener. Se sentant attaqué *personnellement*, il décida de contre-attaquer *personnellement* en désignant Mockey Jean-Baptiste comme responsable de tous ses maux. Pourquoi Mockey et pas un autre ? C'est qu'en 1959, au moment où Houphouët-Boigny quitte le gouvernement français pour devenir Premier ministre de Côte-d'Ivoire, Mockey est au faîte du pouvoir : secrétaire général du P.D.C.I., vice-Premier ministre, ministre de l'Intérieur, sénateur de la Communauté, maire de Grand-Bassam : dans la rue le peuple l'appelle Jupiter. C'en était trop. Il ne faut pas oublier que c'est Mockey qui a ravi le poste de secrétaire général du parti à Auguste Denise ; d'autre part on le soupçonne d'être soutenu par les jeunes universitaires du parti qui sont l'âme de la J.R.D.A.C.I.

Pour abattre Mockey on invente le « complot du chat noir ».

De quoi s'agit-il ? (49).

C'est très simple. En juillet 1959, à Paris, Houphouët-Boigny déclare qu'il est victime d'une trahison et que son entourage immédiat (c'est-à-dire Mockey J.-B., Djibo Sounkalo et Ladji Sidibé) complote contre lui. La preuve ?

> « ... *des fétiches malveillants auraient été découverts en effet dans sa demeure de Yamassoukro, notamment une tête de chat* (50) *avec, dans sa gueule, une corne de bœuf. On aurait également trouvé dans sa résidence parisienne, avenue Mac-Mahon, et plus précisément dans la valise de Madame Houphouët-Boigny, un fétiche qui, selon les personnes compétentes qui l'avaient déchiffré, prouvait chez son ennemi le désir de le rendre d'abord impuissant puis finalement de l'assassiner* » (51).

---

(49) La meilleure narration de cette affaire grotesque est due à la plume de Jacques Baulin dans son ouvrage consacré à la politique intérieure d'Houphouët-Boigny (pp. 118 à 128). C'est à lui que nous devons l'essentiel de nos informations sur le « complot du chat noir » ; nous en connaissions *en gros* l'existence et l'objectif mais nous ne possédions pas tous les détails que nous livre l'ancien conseiller d'Houphouët.

(50) D'où le nom que les Ivoiriens ont donné ironiquement, à l'époque, à ce complot : *le complot du chat noir*.

(51) J. BAULIN, *op. cit.*, p. 121.

En août 1959, de retour à Abidjan et pour donner un peu de couleur politique à ces accusations, Houphouët soutient qu'il a intercepté une lettre du ministère guinéen de l'Intérieur, lettre prouvant que Mockey dirige un mouvement ivoirien indépendantiste, et qu'il complote avec l'appui des gouvernements guinéen et ghanéen (52). Immédiatement rappelés à Abidjan, Djibo Sounkalo et Ladji Sidibé se rendent chez Houphouët-Boigny qui les met au courant du complot et leur demande de consulter des féticheurs pour voir clair dans toute cette histoire (53). Dans une candeur qui les honore, ceux-ci répondent à leur chef « *que s'il y a complot, il ne peut s'agir que d'un complot dirigé contre M. Mockey* » (54). Sur la base de cette histoire à dormir debout, et sans qu'on ait produit la moindre preuve, le 8 septembre 1959, Houphouët-Boigny dépouille Jean-Baptiste Mockey de ses titres de vice-Premier ministre et de ministre de l'Intérieur. Aussitôt, l'hebdomadaire du P.D.C.I. publie un communiqué qui n'a rien à voir avec la réalité :

> « *M. Mockey, vice-Premier ministre, ministre de l'Intérieur, ayant estimé que ses lourdes charges gouvernementales ne lui permettaient plus d'assumer correctement sa fonction de secrétaire général du P.D.C.I., a offert hier au Premier ministre sa démission de vice-Premier ministre et de ministre de l'Intérieur* » (55).

Non content de ce résultat, Houphouët-Boigny convoque le 31 octobre 1959 en sa résidence de Yamoussoukro, une grande assemblée d'environ cinq cents personnes ; toutes les plus hautes personnalités du parti et de l'Etat sont là. Mockey est là également. On introduit alors trois marabouts chargés de prouver que le comploteur a réellement comploté ! L'un d'entre eux, Ladji Cissé, faisant du zèle, ira jusqu'à affirmer qu'il était avec Mockey, quand celui-ci a enterré une tête de chat dans la demeure du président (56). L'affaire ainsi instruite, les décisions peuvent être prises !!!

Réuni le 2 novembre en l'absence de son secrétaire général, le Bureau politique entérine cette histoire ro-

---

(52) *Idem*, p. 122.
(53) *Idem*, p. 122.
(54) *Idem*, p. 122.
(55) *Fraternité* du 18 septembre 1959.
(56) J. BAULIN, *op. cit.*, p. 124.

cambolesque et démet Mockey de sa fonction de sénateur de la Communauté (57). Le 3 novembre, le Bureau politique démet Djibo Sounkalo de ses fonctions de vice-président de l'Assemblée législative de Côte-d'Ivoire et de sénateur de la Communauté (58). Le 8 janvier 1960, Houphouët-Boigny dissout le Conseil municipal de Grand-Bassam, commune dont Mockey était maire !!! (59).

Enfin, Mockey est exilé comme ambassadeur de la République de Côte-d'Ivoire à Tel-Aviv et à Nicosie...

C'était en mars 1959 que Mockey avait été élu secrétaire général du P.D.C.I. ; huit mois après, en novembre, sur la base d'accusations exclusivement fétichistes, il n'était plus rien. Comme quoi *la démocratie à l'ivoirienne* prônée par le P.D.C.I. est tout un art. Gagner peut signifier perdre. Et vice versa.

Le « complot de janvier 1963 »

Le « complot du chat noir » avait été un échec pour Houphouët-Boigny. Les accusations portées contre Mockey avaient un caractère tellement farfelu que ce dernier n'avait pu être qu'éloigné momentanément de Côte-d'Ivoire. De toute évidence, le président du P.D.C.I. voulait aller plus loin. De plus, si Houphouët voulait briser Mockey, il voulait aussi et surtout se débarrasser de tous ces jeunes universitaires qui avaient été à l'origine de la J.R.D.A.C.I., se débarrasser aussi de tous ses compagnons de lutte dont l'attachement à sa personne lui semblait tiède, épurer l'armée, mettre un terme à la contestation universitaire... Le caractère fétichiste du « complot du chat noir » était apparu tellement risible à tout le monde qu'il n'avait pu atteindre tous ces objectifs. Il lui fallait donc refabriquer un complot sur des bases plus... scientifiques. C'est ce qu'il fit en janvier 1963.

Au cours des années 1961 et 1962, Houphouët entreprend — presque clandestinement — de faire construire une grande prison politique dans son village de Yamoussoukro, la prison d'Assabou. Ni le parti, ni le gouvernement, ni à plus forte raison la population en ont été informés. Il se peut que Philippe Yacé, promu secrétaire

---

(57) J. Baulin, *op. cit.*, p. 125.
(58) *Idem*, p. 125.
(59) *Idem*, p. 193.

général du P.D.C.I. après la destitution de Mockey, en ait été informé. La rumeur publique racontera plus tard que la construction de ce sinistre édifice a été supervisée par Jean Konan Banny, neveu d'Houphouët, ministre de la Défense ; mais à ce niveau-là, je n'ai pu rien vérifier. En tout cas, en janvier 1963, au moment où le parti « *découvre les menées subversives d'inspiration communiste* », les locaux du bagne d'Assabou étaient déjà prêts à Yamoussoukro pour recevoir les « comploteurs ». Houphouët-Boigny allait alors se donner les armes juridiques de répression et trouver un thème de propagande « exportable » pour expliquer la nocivité de la « subversion ». Un homme allait se trouver au centre de ce dispositif diabolique : Yacé Philippe, secrétaire général du parti et président de l'Assemblée nationale. En sa qualité de secrétaire général du parti, il fut chargé de convaincre la base du parti de mobiliser la population contre « les comploteurs ». En sa qualité de président de l'Assemblée nationale, il fut chargé de faire voter toutes les mesures répressives destinées à frapper « les comploteurs ».

Tout ayant été méthodiquement et « scientifiquement » mis en place — cette fois-ci l'on a renoncé (provisoirement) aux arguments fétichistes — le tandem Houphouët-Yacé passe à l'offensive.

Le 8 janvier 1963, à la suite de sa réunion hebdomadaire, le gouvernement annonce qu'il a décidé de soumettre au Parlement un projet de loi tendant à la création d'une Cour de Sûreté de l'Etat. Le 11 janvier, l'Assemblée nationale est invitée à voter la loi instituant cette Cour. Lors de la séance, Yacé définit l'esprit de la loi qui va être votée :

> « (...) *L'institution de cette juridiction extraordinaire revêt, vous le pensez bien, une haute importance. Cette mesure qui vous est demandée aujourd'hui traduit la volonté de notre parti, parti du Peuple, de prendre, sans plus attendre, toutes les dispositions de nature à préserver les institutions de la République et l'autorité de l'Etat des coups que les ennemis du peuple tenteraient de leur porter* (...)
>
> *A tous les fauteurs de troubles éventuels, à tous les nostalgiques de l'anarchie, à tous les suppôts et agents d'idéologie étrangère qui dissimulent leurs visées, aux réfractaires aigris, aux ambitieux cupides et sans scrupules, que notre détermination, traduite, dès ce matin en acte, soit un ultime avertissement !*

Le parti (...) invite chaque militant de quartiers et des villages à redoubler de vigilance, à dénoncer résolument les détracteurs de la stabilité du régime (...)

En raison de la gravité des infractions dont la Cour de Sûreté aura à connaître et pour marquer sa volonté inflexible de voir sanctionner avec la plus grande rigueur les coupables, la Direction politique du P.D.C.I. estime que les circonstances atténuantes prévues par l'article 463 du Code pénal et que l'application du sursis défini par l'article 694 du Code de Procédure pénale ne sauraient être en aucun cas invoquées.

De même, elle juge opportun de légaliser l'impossibilité du recours à l'amnistie pour les faits incriminés, afin de décourager les spéculateurs éventuels qui miseraient sur la clémence du chef de l'Etat (...) » (60).

Après ce violent réquisitoire contre ceux qui ne sont encore ni officiellement dénoncés, ni arrêtés, l'Assemblée nationale vote à l'unanimité de ses 65 membres la loi créant la Cour de Sûreté de l'Etat (61).

Aussitôt après ce vote, la direction du P.D.C.I. convoque tous les responsables du parti à une grande réunion à Yamoussoukro, le 14 janvier.

Décision du gouvernement de soumettre à l'Assemblée un projet de loi créant une juridiction exceptionnelle, vote de l'Assemblée instituant la Cour de Sûreté de l'Etat, diatribe de Yacé contre les « *suppots et agents d'idéologie étrangère* », tout cela intrigue et alimente la rumeur ; on raconte que Houphouët va arrêter des gens. Le P.D.C.I. dément le samedi 12 janvier par un communiqué (62).

Le lendemain, la Côte-d'Ivoire apprend la nouvelle de l'assassinat du président togolais Sylvanus Olympio. Houphouët-Boigny est blême de peur. Il décide de précipiter les événements. La réunion de Yamoussoukro, le 14 janvier, qui devait mener une information « *avec calme, sang-froid et objectivité* », se transforme en réunion de dénonciation de « *comploteurs communistes* ». Voici le texte du communiqué que lit Yacé à la suite de cette réunion :

« *Les élus et responsables de Côte-d'Ivoire, après avoir analysé la situation politique viciée par des me-*

---

(60) *Fraternité* du 18 janvier 1963, p. 2.

(61) Loi n° 63-2 du 11 janvier 1963, *Journal Officiel* de la République de Côte-d'Ivoire, numéro spécial du 14 janvier 1963.

(62) *Abidjan-Matin* du lundi 14 janvier 1963, p. 1.

nées subversives perpétrées à travers le pays, réaffirment avec force la mise hors-la-loi du Parti communiste en Côte-d'Ivoire. Plusieurs personnalités sont mises en cause. Celles contre lesquelles des charges suffisantes seront retenues feront l'objet de poursuites devant la Cour de Sûreté de l'Etat nouvellement instituée et aussi de sanctions sévères. Dans cet ordre d'idées et à la suite des enquêtes, le parti a décidé de procéder à une épuration dans tous les secteurs de la nation » (63).

Les enquêteurs du P.D.C.I. sont vraiment des champions ! Le samedi 12 janvier, le secrétaire général du parti annonce qu'il n'y a pas de tentative de coup d'Etat dans le pays ; le 14 janvier, deux jours seulement plus tard, les enquêteurs du P.D.C.I. ont tellement bien travaillé qu'ils ont découvert que non seulement il y avait des menées subversives, qu'elles étaient d'inspiration communiste, mais ils ont même déjà trouvé les personnalités impliquées dans cette conspiration. Pour deux jours seulement d'enquête, c'est une prouesse ! C'est donc tout naturellement qu'après avoir mis le communisme hors la loi, le parti va entreprendre de nettoyer le pays.

Le 15 janvier, Houphouët-Boigny signe un décret relevant de leurs fonctions gouvernementales Joachim Bony (ministre de l'Education nationale, responsable de la presse de la J.R.D.A.C.I.), Charles Donwahi (ministre de l'Agriculture et de la Coopération, chargé de la propagande de la J.R.D.A.C.I.), Amadou Koné (ministre de la Santé, secrétaire général de la J.R.D.A.C.I.) (64). Le même jour, l'Assemblée nationale lève à l'unanimité l'immunité parlementaire de sept députés : Ablé Frédéric, Allou Bright, Bissouma Tapé, Gon Coulibaly, Issa Bamba, Kouadio Tiacoh Gabriel, Ouattara Karim (65). A partir de ce moment commencent les arrestations ; vers le 20 janvier, 129 personnes au total sont arrêtées sur l'ensemble du territoire et enfermées dans la prison d'Assabou à Yamoussoukro.

Le 24 janvier, Houphouët-Boigny parle pendant deux heures au moins devant tout ce que le P.D.C.I. a de mieux : membres du Bureau politique, du Comité directeur, secrétaires généraux des sous-sections du parti, membres du gouvernement (ou ce qu'il en reste), députés,

---

(63) *Fraternité* du 18 janvier 1963, p. 5.
(64) *Abidjan-Matin* du mercredi 16 janvier 1963, p. 1.
(65) *Abidjan-Matin* du mercredi 16 janvier 1963, p. 6.

conseillers économiques et sociaux, conseillers africains de la Cour Suprême, ambassadeurs de Côte-d'Ivoire à l'étranger, préfets, membres des Comités ethniques R.D.A. de Treichville, d'Adjamé, de Port-Boué, membres des cabinets ministériels, directeurs et chefs de service de l'administration centrale. Houphouët-Boigny tire à boulets rouges sur le communisme et dénonce une poignée d'ambitieux qui veulent le tuer ; il retrace sa glorieuse carrière depuis 1945, etc. A la fin du long plaidoyer prodomo du chef de l'Etat, l'infatiguable Yacé lit un communiqué qui dit notamment :

> « *Le Bureau politique et le Comité directeur du P.D.C.I., après avoir pris connaissance, de façon détaillée, des menées subversives d'inspiration communiste qui ont failli troubler le climat politique du pays et saper ses institutions félicitent :*
>
> *— Le président Félix Houphouët-Boigny, président de la République, pour la patience, le calme et le sang-froid dont il a fait preuve dans la recherche objective des auteurs de ces menées.*
>
> *— Les vaillants militants du parti qui, par leur admirable vigilance, ont permis de démasquer les meneurs.*
>
> *— L'armée et la police qui ne se sont pas contentées de repousser les avances des meneurs, mais qui ont dénoncé ceux-ci au chef de l'Etat* (...). *Le Bureau politique et le Comité directeur, instance suprême du parti, demandent à ce que des peines exemplaires soient infligées à ceux qui, trompés par l'idéologie communiste, ont tenté de faire perdre à la Côte-d'Ivoire les chances de la réussite* » (66).

Utilisant ses victimes les unes contre les autres, Houphouët-Boigny fait revenir Mockey Jean-Baptiste de son exil doré et le nomme président de la Cour de Sûreté de l'Etat (67).

Le lundi 4 février, au moment où l'Assemblée nationale se réunit pour voter le budget, trois des sept parlementaires arrêtés rejoignent leurs collègues : Allou Bright, Kouadio Tiacoh, Gon Coulibaly (68). Comment et

---

(66) *Abidjan-Matin* du vendredi 25 janiver 1963, p. 6.

(67) *Journal Officiel* de la République de Côte-d'Ivoire, 30 janvier 1963, p. 77.

(68) *Abidjan-Matin* du 5 février 1963, p. 1.

pourquoi ces trois-là ont-ils échappé à l'enfer ? Nous l'ignorons.

C'est en ce début du mois de février qu'Ernest Boka, président de la Cour Suprême, démissionne « *pour protester contre l'arrestation de ses amis* » (69) ; le Conseil des ministres accepte sa démission, le vendredi 15 février, et le remplace par Alphonse Boni (70). Ce jour-là un remaniement ministériel consacre le retour de Mockey aux affaires en qualité de ministre de l'Agriculture.

Le 29 mars, le président de la République transfère la Cour de Sûreté à Yamoussoukro (71). L'instruction ayant ordonné quarante non-lieux (72), la Cour siège du 5 au 9 avril, à l'intérieur même de la prison d'Assabou, et statue sur le cas de 86 inculpés dont la défense est assurée par maîtres Lambert Aka et Camille Adam.

Le 9 avril, Yacé rend public le verdict de la Cour :

— 13 condamnations à mort ;
— 7 condamnations aux travaux forcés à perpétuité ;
— 8 condamnations à vingt ans de travaux forcés ;
— 6 condamnations à quinze ans de travaux forcés ;
— 13 condamnations à dix ans de travaux forcés ;
— 17 condamnations à cinq ans de travaux forcés ;
— 22 acquittements.

D'autre part, les biens des accusés sont confisqués « *au profit de l'Etat* » ; ceux des accusés qui sont titulaires d'une décoration dans l'Ordre national sont rayés de cet ordre (73).

Le 19 avril, Houphouët-Boigny part pour la Conférence constitutive de l'O.U.A. à Addis-Abeba (mai 1963). Profitant de ce déplacement, il entreprend un long périple qui le conduit successivement à Madagascar, aux Comores, au Tanganyka, au Kenya, en République Arabe Unie, en Algérie et au Maroc. Rentré en Côte-d'Ivoire le 28 août, il déclenche immédiatement une nouvelle vague d'arrestations.

---

(69) J. BAULIN, *op. cit.*, p. 140.
(70) *Abidjan-Matin* du samedi 16 février 1963, p. 1. Pour la suite de l'affaire Boka, voir *infra.*
(71) *Journal Officiel* de la République de Côte-d'Ivoire, 11 avril 1963, décret n° 63-137 du 29 mars 1963.
(72) *Fraternité,* supplément au n° 207 du 12 avril 1963.
(73) *Idem.*

Le « complot d'août 1963 »

Ce complot créa un véritable climat de terreur dans le pays ; c'est lui qui a vraiment marqué l'esprit des Ivoiriens car le déroulement de son exécution fut marqué par plusieurs manifestations (que le P.D.C.I. a voulu spectaculaires) et qui ne peuvent s'oublier du jour au lendemain : arrestations interminables (de septembre 1963 à septembre 1964) ; journée de fidélité organisée le 28 septembre 1963 à la gloire d'Houphouët ; assassinat d'Ernest Boka (avril 1964) ; brouille entre l'Eglise et le parti à propos des arrestations ; confession publique de certains inculpés (janvier 1965)... En plus des documents traditionnels utilisés jusqu'ici (coupures de presse, journal officiel, déclarations des personnalités du P.D.C.I.), nous disposons pour ce complot d'un document inédit ; il s'agit du procès-verbal de l'instruction de l'affaire ; établi à Yamoussoukro le 7 décembre 1964, signé des juges d'instruction Varlet Mensah Albert, Brou Koffi Pascal, Koffi Kouadio Paul, ce document de 77 pages est intitulé : « *Ordonnance de transmission des pièces à Monsieur le Commissaire du Gouvernement près la Cour de Sûreté de l'Etat* » (74). Ce document, qui n'a pas été rédigé pour être rendu public, montre l'ampleur de la machination diabolique ourdie par Houphouët-Boigny et ses comparses pour se maintenir au pouvoir... Mais venons-en aux faits.

Au lendemain de l'arrestation et de la condamnation des « conjurés de janvier 1963 », un profond malaise s'installe dans le pays et dans le parti. Non seulement de hauts responsables de l'Etat n'appréciaient pas qu'on arrête de la sorte des personnes qu'ils savaient n'avoir jamais comploté (c'est le sens de la démission-protestation du président de la Cour Suprême, Ernest Boka), mais en plus certains hauts dignitaires du régime ne se cachaient plus pour critiquer la manière dont les affaires du pays étaient conduites. Le procès-verbal de l'instruction énumère l'ensemble de ces critiques :

« A — *En politique générale*

a) Dictature du chef de l'Etat au sein du parti, du

---

(74) Chaque fois que nous citerons ce document, nous mettrons seulement la mention « *Ordonnance* » suivie de la page que nous voulons indiquer.

gouvernement, de l'Assemblée nationale, auxquels il donne des directives et dont les membres ne jouissent d'aucune liberté d'expression ;

b) Inféodation de la Côte-d'Ivoire à l'Occident, créant une subordination de fait à l'ancienne puissance colonisatrice : la France ;

c) Détention des postes clefs des services administratifs par les Européens ;

d) Absence de traité avec les pays de l'Est ;

e) Installation, contraire à l'esprit d'indépendance, de bases militaires françaises en Côte-d'Ivoire ;

f) Absence d'éducation politique des masses.

B — *Sur le plan économique et financier*

a) Régime préférentiel accordé à la France dans les achats commerciaux ; d'où étouffement de la concurrence internationale ;

b) Bas prix de vente des produits agricoles, particulièrement café et cacao, en opposition à l'augmentation constante des prix des marchandises importées ;

c) Mainmise des Européens sur le grand et le petit commerce ;

d) Maintien du franc CFA alors que la Côte-d'Ivoire pourrait créer sa propre monnaie ;

e) Pouvoir d'achat très bas des citoyens.

C — *Sur le plan social*

a) Offre insuffisante d'emploi d'où chômage ;

b) Bas salaires des travailleurs dans les secteurs public et privé ;

c) Cherté des loyers et notamment des habitations dites « à bon marché » ;

d) Train de vie extravagant de certains ministres et députés ; excès des déplacements officiels à l'étranger ;

e) Non-accélération de l'africanisation des cadres alors que l'assistance technique est très coûteuse ;

f) Hégémonie Baoulé dans le parti, le gouvernement et les hautes fonctions de l'Administration » (75).

---

(75) *Ordonnance*, p. 17.

Dans un régime démocratique, ces critiques peuvent paraître bénignes et même banales. Elles le sont en effet car à aucun moment elles ne remettent en question les fondements de l'Etat ivoirien. Mais dans un régime de dictature où toute pensée qui n'est pas conforme à celle du chef est un crime, elles deviennent un « *attentat contre la Sûreté intérieure de l'Etat, une tentative de provocation à la guerre civile,* (*une*) *tentative d'assassinat* » (76). Le tandem Houphouët-Yacé décide donc de passer à l'action pour nettoyer le pays. Mais la peur que provoque chez Houphouët l'annonce du renversement de l'abbé Fulbert Youlou, chef d'Etat du Congo, par un coup d'Etat, va précipiter les événements. Il parlera d'ailleurs longuement des troubles en France liés à la résolution du problème algérien, en Ethiopie, en Tunisie, au Maroc, au Sénégal, au Togo et au Congo (77).

Le 26 août, Yacé annonce la création d'une milice du parti (78). Le 6 septembre, sept ministres (79) et six députés (80) sont arrêtés. C'est le départ d'une nouvelle purge.

Le lendemain, Houphouët-Boigny confirme la création de la milice. Bras armé du parti, elle sera officiellement mise sur pied le 5 novembre (81). Cette milice regroupera près de 6 000 hommes ; dans le même temps, les effectifs de l'armée régulière passaient de 5 500 à... 3 500 ! ! ! (82).

Le mardi 10 septembre intervient un remaniement ministériel ; la nouvelle équipe gouvernementale ne compte que dix ministres. Mais la caractéristique majeure de ce nouveau gouvernement, c'est que Houphouët-Boigny est à la fois président de la République, ministre des Affaires étrangères, ministre de la Défense nationale, ministre de l'Intérieur, ministre de l'Agriculture !!! (83).

Le 28 septembre fut déclaré « Journée de la Fidélité ». On assista à une gigantesque manifestation d'auto-célé-

---

(76) *Ordonnance*, p. 12.

(77) *Abidjan-Matin*, septembre 1963.

(78) J.-C. Froelich, « Côte-d'Ivoire », in *Année Africaine, 1963, Chroniques des Etats*, p. 245.

(79) J.-B. Mockey, Koffi Gadeau, Kacou Aoulou, Jean Konan Banny, Camille Gris, Amadou Thiam, Tidiane Dem.

(80) Djessou Loubo, Allo Jérôme, Sery Koré, Goffri Kouassi, Kouanié Zadi Nicodème, Gaoussou Soumahoro.

(81) *Fraternité*, n° 238 du 15 novembre 1963, pp. 1 et 3.

(82) J.-C. Froelich, « Côte-d'Ivoire », in *Année Africaine, 1964, Chroniques des Etats*, p. 189.

(83) *Abidjan-Matin* du mercredi 11 septembre 1963.

bration organisée par Houphouët-Boigny. Des centaines de camions et de cars, loués et mis à la disposition des préfets et sous-préfets, transportèrent sur Abidjan des paysans de toutes les régions, des habitants de toutes les villes. A Abidjan même, ordre fut donné de pavoiser et décorer tous les édifices (publics, privés). Des arcs de triomphe furent dressés, les établissements scolaires transformés en dortoirs... Ce jour-là devait être la « *marche du peuple sur Abidjan* », la manifestation de la fidélité au « *père aimé du peuple de Côte-d'Ivoire* » (84)... Combien sont ainsi venus « spontanément » ? L'hebdomadaire du parti indique la fourchette de 500 000 à un million (85). Frœlich parle plus modestement de 200 000 personnes (86). Le clou de cette manifestation fut le meeting organisé au stade Houphouët-Boigny. En tout quinze allocutions y furent prononcées. Les treize premières, consacrées à chanter Houphouët, s'achevèrent par une déclaration dithyrambique qui les résume toutes, celle de Marcel Laubhouet ; il prononça ces fortes paroles, désormais fameuses en Côte-d'Ivoire :

> « ... *Il n'avait connu qu'un rang dans la vie :*
> *Premier de l'école de son village à dix ans.*
> *Premier à l'E.P.S.* (87) *de Bingerville durant trois années successives.*
> *Premier de la Côte-d'Ivoire à l'Ecole Normale de Gorée à treize ans.*
> *Premier de l'A.O.F. comme médecin africain à vingt ans.*
> *Premier président du Syndicat Agricole Africain, syndicat qui a été le père du P.D.C.I.*
> *Premier député de la Côte-d'Ivoire à l'Assemblée nationale française.*
> *Premier président du R.D.A., ce grand mouvement de lutte émancipatrice.*
> *Premier ministre plein africain de tous les gouvernements successifs de la République française.*
> *Premier président de la République de Côte-d'Ivoire...* » ! ! ! (88).

Mais revenons aux choses sérieuses. Dans les deux

(84) *Fraternité* du 27 septembre 1963, p. 3.
(85) *Fraternité* du 4 octobre 1963, p. 3.
(86) J.-C. Froelich, *Année Africaine, 1963*, p. 242.
(87) E.P.S. : Ecole Primaire Supérieure.
(88) *Fraternité* du 4 octobre 1963, p. 6.

seuls discours politiques de ce meeting, Houphouët-Boigny et Yacé se déchaînèrent tour à tour contre :

— les cadres du P.D.C.I. qui n'avaient pas accepté de bon cœur le désapparentement d'avec le Parti communiste en 1950 (89) ;

— le communisme d'une manière générale (90) ;

— les dirigeants africains qui voulaient déstabiliser le régime ivoirien (91) ;

— les francs-maçons ;

— le multipartisme ;

— les responsables des anciens partis opposés au P.D.C.I. ;

— les jeunes diplômés revenus de France « *où ils ont ingurgité des préceptes marxistes, plus précisément communistes* » et à qui le parti n'a pas hésité à confier des responsabilités (92) ;

— certaines régions qui n'aimaient ni Houphouët, ni le P.D.C.I. (93).

Ils annoncent en outre que plus jamais personne n'occupera de responsabilités ni dans le parti, ni dans l'administration, sans être auparavant passé par l'école du parti ; ils promettent enfin, « au nom du peuple », des châtiments exemplaires aux traîtres (94).

Alors que les dénonciations allaient bon train, que les arrestations continuaient, que chaque famille de Côte-d'Ivoire était atterrée, inquiète de savoir si l'un des siens n'allait pas bientôt se retrouver inculpé pour « complot » (car on arrêtait des paysans, des chauffeurs en même

---

(89) Le procès-verbal de l'instruction désigne nommément Mockey : « *D'aucuns, comme Mockey, avaient une sympathie fort profonde pour le communisme. Ainsi, avait-il mal accueilli le désapparentement du président Houphouët et du R.D.A. d'avec le Parti communiste français* », *Ordonnance*, p. 29.

(90) « *Quant à Gris Camille, tout le monde connaît sa passion pour le communisme. N'avait-il pas effectué plusieurs voyages dans ces pays ?* », *Ordonnance*, p. 29.

(91) Ces allusions visent Nasser, Ben Bella et N'Krumah, *Ordonnance*, pp. 39 et 40.

(92) « *En effet nul n'ignore les idées communistes de Banny qui avait milité pendant ses études à Montpellier dans la section des jeunes communistes de cette localité* », *Ordonnance*, p. 29.

(93) Le p.-v. de l'instruction désigne de façon très claire deux régions : « *son assassinat (d'Houphouët) s'imposait en pays Sanwi, en pays Bété de Gagnoa, quand l'on sait l'amour à la Néron que ces pays lui portent...* », *Ordonnance*, p. 27.

(94) *Fraternité* du 4 octobre 1963, pp. 7 à 16.

temps que des députés et ministres), le pays apprend avec terreur et stupéfaction, le 6 avril 1964, que Ernest Boka « *s'est suicidé* » dans la prison de Yamoussoukro. Ministre de l'Education nationale de 1957 à 1959, membre fondateur de la J.R.D.A.C.I. en 1959, ministre de la Fonction publique à partir de 1959, il fut nommé président de la Cour Suprême en janvier 1961. Il démissionne de ce poste en février 1963 pour protester contre les arrestations injustifiées dont Houphouët se rendait coupable. Dans ce pays où aucun de ses collaborateurs n'ose résister à Houphouët par peur de représailles, la démission de Boka valut à ce dernier une grande popularité. Houphouët le laissa tranquille...

Puis, brusquement, au moment où il lui sembla que tout le monde avait oublié le cas Boka, il le fit arrêter le 2 avril 1964 (95). Le 6 avril, on annonce au pays que

---

(95) Cette tactique est classique chez Houphouët-Boigny. Je citerai deux cas pour l'illustrer :

a) C'est en 1959 qu'il voulait faire arrêter Mockey ; mais voyant que le « complot du chat noir » était mal engagé, et que de ce fait Mockey faisait figure de victime d'un règlement de comptes, Houphouët le laissa en sursis. Il lui confia même de très hautes responsabilités. En septembre 1963, au moment où tout le monde s'y attend le moins, Houphouët le fait brusquement arrêter. C'est le début d'un nouveau « complot ».

b) Il s'agit ici d'un témoignage personnel. Pendant l'année scolaire 1970-1971, j'étais professeur d'histoire et géographie au Lycée Classique d'Abidjan. Mais l'orientation de mes cours ne plaisait pas et j'avais reçu de petits avertissements discrets. En novembre 1970, une de mes élèves, fille d'un ambassadeur accrédité en Côte-d'Ivoire, s'en alla expliquer à son père que j'avais mis en cause son pays dans un de mes cours. Averti par le diplomate, Houphouët-Boigny décida de m'arrêter. A l'annonce de cette nouvelle, tous les établissements scolaires du pays se mirent en grève pour protester contre cette limitation intolérable du droit des enseignants à exercer librement leur métier. Devant l'ampleur de la manifestation, Houphouët fit dire qu'il n'avait jamais été dans ses intentions de m'arrêter. Tout rentra dans l'ordre et je pus travailler tranquillement. Mais brusquement, le 31 mars 1971, à la veille des vacances de Pâques, je suis convié à une « réunion de concertation entre les responsables du parti et les enseignants » ; là je suis arrêté sans aucune forme de procès, sans aucune explication en compagnie de deux autres enseignants. Le lendemain, mon épouse, une Française de Lyon, également professeur d'histoire au Lycée Classique d'Abidjan, est accusée d'être une « communiste de Lyon » ; moyennant quoi, elle est jetée sans un sou, dans le premier avion en partance pour Paris avec notre fils, alors âgé d'un an et six mois. Gardé dans les camps militaires d'Akouédo, de Séguéla et de Bouaké pour faire croire que je faisais mon service militaire (car depuis 1967 le P.D.C.I, a

Boka « s'est suicidé ». A la suite de sa mort, Houphouët convoque une grande réunion à Abidjan, au Palais de l'Assemblée nationale, le lundi 13 avril. Il s'adresse à l'opinion nationale et internationale.

De son long exposé se dégagent trois points :

• Le premier est consacré à sa défense personnelle. Sur ce chapitre, Houphouët explique notamment :

— que Boka n'a jamais été battu ; aucun prisonnier politique n'a d'ailleurs jamais été battu (ce que démentent catégoriquement tous les anciens détenus avec qui nous avons pu nous entretenir ; ce que dément aussi la pratique quotidienne du régime en cas d'arrestation) ;

— Boka s'est pendu à la tige de la douche de sa cellule avec le pantalon de son pyjama ; avant de se pendre, il a écrit une « confession », un « testament politique » ;

— le médecin de Yamoussoukro, « *un Français, un croyant, un catholique* », peut témoigner que Boka s'est pendu et qu'on ne l'a pas tué ; il a d'ailleurs tout fait pour le réanimer ;

— l'ambassadeur de France en Côte-d'Ivoire, M. Raphaël Leygues, a été invité à prendre connaissance de la « confession » de Boka, trois ou quatre heures après, parce que des Français se trouvaient mis en cause dans le document. « *Ce document n'est donc pas un faux ; l'écriture, le style sont de Boka ; il eut fallu évidemment plus de temps pour les imiter.* »

• Le second point est une attaque :

— Boka n'est qu'un ambitieux, et parce que les fétiches lui ont prédit un avenir lumineux, il a voulu tuer le chef de l'État pour prendre sa place ;

— ceux qui ont comploté sont tous des ambitieux, des impatients, alors que lui, Houphouët, a derrière lui la « *quasi totalité des masses laborieuses* » ;

— ceux qui veulent le tuer n'ont aucun programme ; d'ailleurs ils parlent d'africaniser les postes mais sont incapables de le faire.

• Le troisième point est une dissertation sur les fétiches qui sont — selon lui — par essence tolérants « *il y a eu des guerres de religion entre chrétiens, entre musul-*

---

banni de son vocabulaire officiel le terme de prisonnier politique qui attire trop de regards indiscrets), je ne devais revoir les miens que vingt-deux mois plus tard, en janvier 1973... Je n'ai jamais retrouvé mon poste d'enseignant.

mans ; il n'y en a jamais eu entre fétichistes ». Puis toujours aussi hardi, Houphouët construit ce cocktail merveilleux à base de maraboutage, de catholicisme et de communisme :

> « *C'est par ambition que Boka a consulté les "marabouts" et c'est parce que ceux-ci lui ont prédit le plus brillant avenir qu'il en est venu à estimer indispensable la suppression du seul homme qui, pensait-il, lui barrait le chemin.*
>
> *La même aventure est arrivée à Amadou Koné, ancien ministre, aujourd'hui condamné à mort pour complot contre le chef de l'Etat.*
>
> *La mère avait jeté le "cauri" et son fils a cru ses prédictions.*
>
> *Mockey également a cru aux prédictions faites par sa mère qui se dit voyante.*
>
> *Et Boka, bien que catholique, a milité dans les rangs communistes où il a appris que tous les moyens étaient bons.* »

Après ce monologue, et la lecture de la « confession » de Boka où celui-ci s'accuse d'être un intrigant, un voleur, un communiste recrutant des communistes notoires dans les administrations dont il avait la charge, un dévergondé, voire un obsédé sexuel (« *toutes les femmes dans les ministères, toutes les femmes des amis, les femmes dans les hôtels...* »), le frère du chef de l'Etat brandit les fétiches qu'on aurait saisis sur Boka et ses partisans : de petits cercueils contenant l'effigie du président (96).

La mort de Boka a révélé aux yeux de l'opinion publique nationale et internationale les pratiques politiques quotidiennes du P.D.C.I. Les Ivoiriens se sont rendus compte que si Houphouët avait pris le soin de construire « sa » prison politique à Yamoussoukro et non à Abidjan, c'était pour que le public ne se rende pas compte de ce qui se passait à l'intérieur. Evidemment, personne en Côte-d'Ivoire n'a cru hier — et personne ne croit aujourd'hui — à la thèse du suicide de Boka. Ulcérée par une telle forfaiture, la hiérarchie catholique a pris position. Mgr Yago, archevêque d'Abidjan, alla s'incliner devant le corps de Boka, montrant par là qu'il n'accordait

---

(96) Pour le compte rendu de cette incroyable réunion, voir *Abidjan-Matin* du mardi 14 avril 1964 et *Fraternité*, supplément au numéro du vendredi 17 avril 1964.

aucun crédit à la thèse du suicide (97), ce qui lui valut d'être traité par Houphouët de « *fétichiste en tiare* » (98).

Ernest Boka a été tué. Comment ? En attendant qu'un jour les langues puissent se délier sans crainte de représailles, que les anciens prisonniers, que les anciens geôliers, que les anciens compagnons d'Houphouët parlent sans craindre pour leurs personnes, leurs familles et leurs biens, je vais me contenter de rendre compte des deux versions les plus vraisemblables qui ont cours aujourd'hui dans l'opinion ivoirienne. La première version est celle de l'assassinat prémédité. Cette thèse est bien ramassée dans un document publié par le Parti Révolutionnaire Ivoirien (clandestin évidemment) que publie Jacques Baulin. Ce document, établi après deux ans d'enquête, dit en substance :

> « (...) *La thèse de la pendaison est pour le plus fantaisiste. D'abord dans aucune des cellules de la prison de Yamoussoukro, il n'existe de douches* (...). *Le mobilier de toutes les cellules est constitué par un lit en terre battue, et une seule couverture qui sert soit à couvrir le lit, soit à l'individu lui-même, selon ses préférences. Dans le mur de la cellule un robinet dont l'extrémité est à ras de la surface du mur* (*à un mètre du sol*) *ravitaille la cellule en eau. Au pied du lit de terre un trou au sol en guise de w.c. Tout cela dans un espace réduit autant que possible* (*environ deux mètres sur un mètre trente*). *Ces cellules individuelles servent à accueillir n'importe quel détenu dans les quinze premiers jours de détention. Ainsi si l'on veut soutenir que Boka est mort dans sa cellule de la prison de Yamoussoukro, il faut apporter d'autres preuves matérielles du suicide. A supposer que l'on veuille accepter la thèse de la pendaison, imaginons-nous Boka* (*près de 80 kg*) *! ! ! si l'on sait qu'une tige de douche ne peut supporter à peine que 5 à 6 kg il est facile de voir que ce mensonge est non seulement grossier, mais cousu de fil blanc* (...).
>
> (...) *Anonymes, dans la masse ivoirienne, nous avons vécu les événements ; nous avons aussi reçu de nombreux témoignages qui tous concordent.*
>
> *Voici les faits : nous avons la certitude que Boka n'est pas mort dans une cellule de la prison de Yamoussoukro mais que son corps y a été transporté.*

---

(97) J.-C. Froelich, *La Côte-d'Ivoire*, in *Année Africaine, 1964*, p. 189.

(98) J. Baulin, *op. cit.*, p. 143.

Avant l'arrivée du corps dans les murs de la prison, on a pris soin d'enfermer tous les prisonniers dans leur cellule pour bien garder le secret. Nous tenons ce témoignage d'un des gardiens des détenus.

Après la mort de Boka son corps a été maquillé et enfermé dans un cercueil. Sa famille fut convoquée à Abidjan et reçu la dépouille mortelle, suprême honneur que le tyran Houphouët a tenu à lui faire. Mais avant ce geste, ordre avait été donné de ne pas ouvrir le cercueil. Peine perdue. Le bon sens de la population d'Agboville et sa dignité froissée ont prévalu : le cercueil a été ouvert envers et contre tout. Oh stupeur ! Boka avait été l'objet de sévices. Son corps portait en plusieurs endroits des hématomes, des fractures aux jambes, des défoncements de la boîte cranienne (...) » (99).

La seconde thèse est celle de l'assassinat accidentel ; elle est défendue par Jacques Baulin (100).

En ce qui me concerne, je pense que sur ce sujet il y a au moins deux points importants d'acquis : d'une part Boka a été l'objet de sévices, d'autre part il a été tué. Assassinat accidentel ou prémédité ? Sans préjuger des enquêtes que le peuple de la Côte-d'Ivoire réclamera un jour pour que toute la lumière soit faite sur les crimes commis en son nom, je dirai seulement qu'Houphouët et ses acolytes avaient de bonnes raisons de vouloir la mort de Boka. Boka est en effet celui qui en 1959 a traité avec un mépris mordant de « *pseudo-compétents* », de « *pseudo-techniciens* », de « *médiocres produits de remplacement* », tous ceux qui aujourd'hui s'auto-proclament « *militants de première heure* » ; Boka est aussi celui qui en cette même année 1959 a exigé la mise en place « *d'un régime autoritaire, voire révolutionnaire* », et à ce titre l'hagiographe français d'Houhouët l'appelle « *l'opposant du Congrès de 1959* » (101) ; mais surtout Boka est le seul dignitaire du régime qui, en février 1963, a démissionné de son poste de président de la Cour Suprême pour protester contre les purges organisées par son propre parti et dont il savait les victimes innocentes.

Après la mort de Boka et la grande réunion organisée

---

(99) *La mort de Ernest Boka,* document du Parti Révolutionnaire Ivoirien, in *La politique intérieure d'Houphouët-Boigny* de Jacques Baulin, annexe IX, pp. 208-211.

(100) J. Baulin, *op. cit.*, p. 141.

(101) Paul-Henri Siriex, *Félix Houphouët-Boigny, l'homme de la paix,* Seghers-N.E.A., 1975, p. 258.

par le P.D.C.I. le 13 avril 1964 pour tenter de se justifier, Houphouët fait arrêter les marabouts et féticheurs du pays, prétendant qu'ils soutiennent, inspirent et encouragent les comploteurs !!! Je ne sais pas le nombre exact de marabouts arrêtés ni la date de leur arrestation. « La Chronique des Etats » mentionne qu'ils ont été libérés le 18 février 1966 (102).

Profitant de la situation créée par le « complot d'août 1963 », Houphouët dénonce *« le mouvement subversif universitaire »* et fait arrêter quatorze étudiants (103) : Que leur reproche-t-on, à ces étudiants ? Le procès-verbal de l'instruction dit que les objectifs du « mouvement subversif universitaire » sont :

> *« ... une africanisation des cadres, le retrait de l'Armée française du sol national, l'avènement d'un gouvernement dont les activités prouvent que l'indépendance acquise n'est pas fictive.*
>
> *Un seul moyen pour parvenir au résultat : le renversement du gouvernement présidé par Houphouët-Boigny par la violence avec l'aide de l'Armée ivoirienne »* (104).

L'implication de l'armée nationale par le biais de la subversion estudiantine — ajoutée au fait que Jean Konan Banny, ministre de la Défense, fait partie de la cohorte des premiers arrêtés — va justifier l'arrestation d'un certain nombre d'officiers et de sous-officiers dont le P.D.C.I. juge le loyalisme insuffisant. Nous avons pu retrouver le nom de quelques-uns d'entre eux :

— le lieutenant Zadou (105) ;
— le lieutenant Gnazéré (105) ;
— le sergent-chef Gogo Séry (106) ;
— le sergent-chef Zébri Blé Lambert, militaire du Palais présidentiel (107) ;
— le sergent Bazy Sery, garde du corps du chef de l'Etat (107).

Le 6 mai 1964, le président de la République signe un décret modifiant la composition de la Cour de Sûreté de

(102) *Année Africaine, 1966,* « Chronique des Etats », p. 261.
(103) Voir *infra* : « La mise sous tutelle des étudiants ».
(104) *Ordonnance...,* p. 38.
(105) *Idem,* p. 33.
(106) *Idem,* p. 34.
(107) *Idem,* pp. 23 et 24.

l'Etat : il s'agit de remplacer ceux qui sont en prison et ceux qui sont rentrés dans le gouvernement. Boni Alphonse remplace Jean-Baptiste Mockey à la présidence de ladite Cour (108).

Le 7 décembre, les juges d'instruction Varlet Mensah Albert, Brou Koffi Pascal et Koffi Kouadio Paul, siégeant à Yamassoukro, signent les documents retenant la culpabilité de 96 inculpés et les transmettent au Commissaire du gouvernement (109). Le 31 décembre, la Cour de Sûreté de l'Etat donne son verdict :

— 6 condamnations à mort (Mockey J.-B. ; Gris Camille ; Kacou Aoulou ; Ladji Sidibé ; Banny Jean Konan ; Faulet Charles) ;

— 2 condamnations aux travaux forcés à perpétuité (Capri Djédjé ; Brissi Djegna Clément) ;

— 7 condamnations à vingt ans de travaux forcés ;

— 7 condamnations à dix ans de travaux forcés ;

— 5 condamnations à cinq ans de travaux forcés (110) ;

— 15 accusés sont acquittés et 18 absous (111).

Quelques remarques pour en finir avec ce « complot d'août 1963 ».

• La première concerne la légèreté des accusations. Bien sûr, tous ces complots étant des inventions, les accusations formulées à leur occasion n'ont aucune valeur. Mais certaines sont tellement grotesques, dérisoires et farfelues qu'elles indiquent le niveau de pensée rétrograde et petit de ceux qui les ont avancées. Nous avons déjà indiqué les accusations fétichistes formulées à l'occasion du « complot du chat noir » (1959) et à l'occasion de la mort de Boka (1964). Notons maintenant qu'en 1964, le P.D.C.I. a accusé les « conjurés » de se préparer à aller à l'assaut de la République avec... des flèches empoisonnées !!! Tout au long du procès-verbal d'instruction, il est question de flèches empoisonnées. La fabrication de ces babioles est même le principal grief retenu par l'instruction contre Brissy Djegnan Clément ; il est écrit en effet que ce monsieur a avoué avoir :

---

(108) *Journal Officiel* de la République de Côte-d'Ivoire du 21 mai 1964, décret n° 64-185 du 6 mai 1964, p. 637.

(109) *Ordonnance...*, p. 77.

(110) *Journal Officiel* de la République de Côte-d'Ivoire du 25 novembre 1965, pp. 1258 et 1259.

(111) *Année Africaine*, 1964, p. 189.

« — fait préparer des flèches empoisonnées dans les villages de la Tribu de Guéhio, et avoir reçu en paiement la somme de 10 000 francs (112) *de la part de Baï Tagro. Les flèches devaient être prêtes le 25 août 1963 au soir* (...)

— su que les flèches qu'il faisait fabriquer devaient servir aux conjurés pour lutter contre le gouvernement et éliminer le président Houphouët-Boigny de la scène politique » (113).

Brissy Djegnan Clément a été pour ces motifs condamné à la peine des travaux forcés à perpétuité !!! (114).

• Au cours du « complot d'août 1963 », des étrangers non Africains (Français et Libano-Syriens) sont pris à partie par le P.D.C.I. et renvoyés de Côte-d'Ivoire. Les informations fournies à Jacques Baulin par Pierre Biarnès tendraient à montrer que ceux des Français qui ont été expulsés l'ont été à cause de leur appartenance à la franc-maçonnerie (115).

Faut-il prendre cette explication pour argent comptant ? Nous savons seulement qu'au cours du meeting du 28 septembre 1963, Yacé s'en est pris vivement à la franc-maçonnerie (116). Nous savons aussi que dans la lettre qu'il adresse au chef de l'Etat depuis la prison de Yamoussoukro, Djessou Loubo dénonce cinq Français comme étant des francs-maçons liés aux comploteurs (117). Mais même si cette explication du « complot franc-maçon » devrait être prise en compte, elle ne le serait qu'en ce qui concerne les Français expulsés ; elle reste totalement muette sur le cas des Syro-Libanais. Or le procès-verbal de l'instruction ne fait pas de distinction ; sans faire aucune référence à la franc-maçonnerie, il désigne Français et Levantins inculpés comme liés à la conspiration ; ils en sont les conseillers et les bailleurs de fonds :

« Des Européens (*colonel Beaudelaire, adjudant Robin, Bernard, Beauchamp, Moreno, Cadorel, Morillon, Leuillier, Garcy, Lecuyer*), *des Libano-Syriens* (*Chaina,*

(112) 10 000 francs CFA = 200 FF.

(113) *Ordonnance...*, p. 50.

(114) *Journal Officiel* de la Côte-d'Ivoire du 25 novembre 1965, p. 1258.

(115) J. Baulin, *op. cit.*, p. 248.

(116) *Fraternité* du 4 octobre 1963, pp. 7 à 16.

(117) J. Baulin, *op. cit.*, p. 238 à 245.

Raggi, Fakry, Addad, Farres Koury), présents, de l'aveu même de maints conjurés, à bon nombre des réunions subversives, approuvaient de tout cœur les grandes décisions des comploteurs avec la tranquille certitude que leurs conseils et leurs promesses de financement ne cesseront jamais d'être utiles au succès de la révolution » (118).

• Notre dernière remarque concerne le nombre de personnes arrêtées. Pour le « complot de janvier 1963 », les choses avaient l'avantage d'être claires ; les 129 personnes arrêtées se répartissent de la façon suivante :

— 3 personnes relâchées au bout d'une semaine ou deux pour insuffisance de preuves ;
— 40 non-lieux prononcés par l'instruction ;
— 13 condamnés à mort ;
— 7 condamnés aux travaux forcés à perpétuité ;
— 44 condamnés aux travaux forcés à temps ;
— 22 acquittés.

Or pour le « complot d'août 1963 » les chiffres ne sont pas clairs. Combien de personnes Houphouët a-t-il fait arrêter ?

— Des marabouts et féticheurs ont été arrêtés ; aucun document n'indique leur nombre ; nous ne savons même pas s'ils sont passés devant un juge. « La Chronique des Etats » dit qu'ils ont été libérés le 18 février 1966.

— Des étudiants ont été arrêtés ; il faudra attendre le jour de leur libération, le 7 janvier 1965 (119), pour savoir qu'ils étaient 14 (120).

— Pour les autres, le procès-verbal de l'instruction a retenu la culpabilité de 96 personnes ; or l'instruction a duré quatorze mois. Dans ce laps de temps beaucoup de choses ont pu se passer. Ainsi — et à titre d'exemple — tout le monde sait, en Côte-d'Ivoire, que Camille Adam (121), Kouamé Benzème, Etienne Djaument ont été arrêtés : on exhibe même des fétiches qui auraient été saisis sur Djaument (122). Or aucun de ces trois noms ne figure sur la liste des 96 personnes contre lesquelles

---

(118) *Ordonnance...*, p. 31.
(119) *Fraternité-Matin* du 7 janvier 1965.
(120) *Fraternité-Spécial*, p. 7.
(121) *Année Africaine*, 1964.
(122) *Fraternité*, supplément au numéro du vendredi 17 avril 1964, p. 3.

l'instruction a estimé que les préventions étaient suffisamment établies. Nous en déduisons qu'ils ont bénéficié d'un non-lieu. Seulement nous ne savons pas le nombre de personnes qui ont eu la même chance. La seule chose que nous pouvons donc avancer avec certitude, c'est que pour le « complot d'août 1963 », *il y a eu plus de 110 arrestations* : les 96 de l'instruction et les 14 étudiants.

La mise sous tutelle des organisations syndicales

Après la guerre, il existe en Côte-d'Ivoire 47 syndicats de base répartis en trois catégories (123) :

— l'Union locale des Syndicats confédérés C.G.T. de la Côte-d'Ivoire, créée en 1944, compte sept syndicats du secteur privé et trois syndicats du secteur public ;

— l'Union territoriale des Syndicats C.F.T.C. de la Côte-d'Ivoire, créée en 1947, regroupe trois syndicats du secteur privé et six syndicats du secteur public.

— Vingt-huit syndicats indépendants dont six du secteur privé et vingt-deux du secteur public.

Dès les réformes introduites Outre-Mer par la loi Defferre dite loi-cadre (1956), les syndicats ivoiriens vont entreprendre de « s'africaniser ». En 1956 apparaît la Confédération Africaine des Travailleurs Croyants (C.A.T.C.), « surgeon africain de la C.F.T.C. (124) ; en 1957 naît l'Union Générale des Travailleurs d'Afrique noire (U.G.T.A.N.) dont le principal animateur est Ahmed Sékou Touré ; le responsable ivoirien de l'U.G.T.A.N. est Yao N'Go Blaise.

De la fin de la guerre à l'Indépendance, il y avait donc en Côte-d'Ivoire pluralisme en matière d'organisation syndicale, comme il y avait pluralisme en matière d'organi-

(123) *Archives Nationales de Côte-d'Ivoire*, dossier EE 9087 ; voir aussi J.-N. Loukou, *La vie politique en Côte-d'Ivoire de 1932 à 1952*, thèse de 3e cycle, pp. 478 à 483 ; L. Gbagbo, *La Côte-d'Ivoire : économie et société à la veille de l'indépendance (1940-1960)*, pp. 83 à 85.

(124) Jean Carta, « Côte-d'Ivoire : la bourgeoisie noire s'installe », in *France-Observateur* du 3 septembre 1959.

sation politique. Or, parvenu au pouvoir en 1957, le P.D.C.I. entreprit d'installer le parti unique à son profit. La même démarche sera poursuivie sur le plan syndical.

En 1959, Houphouët-Boigny lance une première offensive : il faut affaiblir les deux centrales en mettant sur pied une centrale syndicale pro-gouvernementale. Amon Tanoh Lambert, secrétaire général du Syndicat des Enseignants de Côte-d'Ivoire, député (125), se charge de l'affaire ; il crée l'Union Nationale des Travailleurs de Côte-d'Ivoire (U.N.T.C.I.) (126). Mais cette opération se solde par un échec. La centrale existe, mais les travailleurs — et surtout les agents de la Fonction publique — refusent d'y adhérer.

Devant ce demi-échec, Houphouët va s'y prendre autrement. Le Troisième Congrès du P.D.C.I., réuni en mars 1959, adopte une résolution « *demandant aux travailleurs de Côte-d'Ivoire de réaliser leur unité en se groupant au sein d'une seule Centrale* » (127). Fort de cet appui du parti, Houphouët engage l'épreuve de force. Le 28 août 1959 en effet, il promulgue le statut général de la Fonction publique, mais :

> « *par ses articles 20 et 21, le statut reconnaît et limite le droit de grève, subordonne les intérêts des fonctionnaires à celui de l'Etat, restreint le champ des allocations familiales, réduit les périodes de congé annuel, octroie aux autorités le droit de requérir les agents de l'administration, etc. Les réunions à la Bourse du Travail deviennent houleuses, les dirigeants de l'U.N.T.C.I., abreuvés d'injures, se voient traités d'organisation à la solde d'un gouvernement "pire que toute forme de colonialisme"* » (128).

La section ivoirienne de l'U.G.T.A.N., sous la direction de son secrétaire général Yao N'Go Blaise, mène une lutte farouche contre ce statut de la Fonction publique. Alors Houphouët-Boigny brandit la menace ; il déclare à la radio :

> « *J'interdirai tout syndicat qui aura des rapports avec ceux d'un pays étranger hostile à la Côte-d'Ivoire.*

---

(125) Il deviendra ministre de l'Education nationale en 1963.
(126) P.-H. Siriex, *op. cit.*, p. 281 ; J. Baulin, *op. cit.*, p. 106.
(127) *IVe Congrès du Parti Démocratique de Côte-d'Ivoire*, S.I.I., Abidjan, 1974, p. 25.
(128) J. Baulin, *op. cit.*, pp. 106 et 107.

Un tel syndicat, s'il existe, sera déclaré hors-la-loi en Côte-d'Ivoire. Pour les rapports entre syndicats au sein de la Communauté, je suis d'accord puisqu'au sein d'une même Communauté il ne peut y avoir de désaccord. Mais, pas avec Conakry ! De même que je recherche la coopération sur le plan politique dans la Communauté, je souhaite également une coopération dans le cadre de cette même Communauté sur le plan syndical » (129).

Menace donc de dissoudre la section ivoirienne de l'U.G.T.A.N., proposition faite aux syndicalistes ivoiriens de mettre sur pied une centrale syndicale de la Communauté. Le 23 septembre, au cours d'une intervention à la Bourse du Travail, le secrétaire général de la section ivoirienne de l'U.G.T.A.N. repousse la proposition du Premier ministre : « *... une Centrale de la Communauté ne nous intéresse pas. Ce que nous voulons c'est une grande Centrale syndicale africaine* » (130).

Il n'en fallait pas plus pour déclencher la machine. Sous le titre : « *Yao N'Blaise, secrétaire général de l'U.G.-T.A.N. de Côte-d'Ivoire expulsé de son pays* » (131) le secrétariat général de l'U.G.T.A.N. à Dakar a publié une motion dans laquelle sont décrites l'arrestation et l'expulsion du leader syndical vers la Guinée (132).

Le 7 octobre, jour de cette arrestation, l'Intersyndicat des Travailleurs des Services Publics de Côte-d'Ivoire lance pour le lendemain un mot d'ordre de grève de protestation de 72 heures dans le secteur public, en vue d'obtenir la libération du leader syndicaliste. Le secrétariat général de l'U.G.T.A.N. assure que la grève a été suivie à 100 % et que « *7 000 travailleurs ont défilé à travers la ville d'Abidjan* » (133). Même la C.A.T.C suit le mot d'ordre de grève. Le gouvernement donne alors l'ordre à l'armée de disperser les manifestants. Le Premier ministre déclare la grève illégale et réquisitionne tous les agents de la Fonction publique (134).

L'appel d'Houphouët n'ayant pas été entendu, le gou-

---

(129) *Fraternité*, numéro 26 du 16 septembre 1959.

(130) *La situation politique en Côte-d'Ivoire et indépendance nationale*, p. 27.

(131) *Idem*, pp. 30 à 32.

(132) *Idem*, p. 30.

(133) *La situation politique en Côte-d'Ivoire et l'indépendance nationale*, p. 31.

(134) *Fraternité*, numéro 26 du 16 septembre 1959.

vernement révoque 213 fonctionnaires et en suspend 319 (135). Plusieurs personnes sont arrêtées dont Joseph Coffie.

Le 15 octobre, le Bureau politique du P.D.C.I. adresse au Premier ministre un message de soutien dans lequel sont dénoncées les « *menées subversives* » et approuvées « *sans réserve les mesures prises par le gouvernement* » (136). Dans la foulée, la section U.G.T.A.N. est dissoute et les syndicalistes invités à créer une centrale unique (137).

Après de très longues tractations, la C.A.T.C. et l'U.G.T.A.N. sont amenées à s'auto-dissoudre et le 4 août 1962 est créée une centrale syndicale unique, l'Union Générale des Travailleurs de Côte-d'Ivoire (U.G.T.C.I.) (138). Celle-ci « *réaffirme avec force, son indéfectible attachement au P.D.C.I.-R.D.A. et au gouvernement sous la conduite éclairée de son président, Son Excellence Félix Houphouët-Boigny* » (139).

Mais la création d'une centrale syndicale sur mesure ne résoud pas tous les problèmes. Les fonctionnaires résistent. Ils ne militent ni à l'U.G.T.C.I., ni au P.D.C.I. Alors le Bureau politique prend le taureau par les cornes et « *décide la mobilisation des fonctionnaires dans le P.D.C.I.* » ; rendant compte de la réunion du Bureau politique tenue le samedi 2 mars 1963, *Abidjan-Matin* révèle :

> « *Il a été décidé (...) la création d'un comité du parti par département ministériel. Chaque comité sera divisé en sous-comités de trente membres qui auront chacun à leur tête un militant choisi par le ministre, compte tenu de sa fidélité au parti. Les premiers objectifs à atteindre, devait souligner le président Yacé, sont la prise de conscience au niveau de la Fonction publique et le développement de la conscience civique et nationale...* » (140).

---

(135) *Abidjan-Matin* du 19 octobre 1959.
(136) *Fraternité* du 23 octobre 1959.
(137) P.H. Siriex, *op. cit.*, p. 281.
(138) *Marchés tropicaux* du samedi 25 août 1962, p. 1798.
(139) *IVe Congrès du P.D.C.I.*, p. 327.
(140) *Abidjan-Matin* du lundi 4 mars 1963.

La mise sous tutelle du mouvement étudiant

Au moment où il prend en main les destinées de la Côte-d'Ivoire en 1959, Houphouët-Boigny n'a aucun contrôle sur le mouvement étudiant. Celui-ci est basé en France. Les principaux mouvements sont l'Union Générale des Etudiants de Côte-d'Ivoire (U.G.E.C.I.) et l'Association des Etudiants de Côte-d'Ivoire en France (A.E.C.-I.F.). Ces mouvements critiquent le régime d'Houphouët et prennent position contre la Communauté.

Houphouët décide donc de passer à l'offensive. En mai 1959, il fait arrêter Mémel Foté Harris, alors président de l'Association des Etudiants de Côte-d'Ivoire en France (A.E.C.I.F.), Brogoué et Aka. Accusés de vouloir renverser les institutions, ils sont jugés et condamnés en janvier 1960 :

— Mémel : un an de prison et cinq ans d'interdiction de séjour ;

— Brogoué : six mois de prison ;

— Aka : acquitté (141).

En juin 1961, le gouvernement ivoirien fait arrêter « *plusieurs jeunes Ivoiriens effectuant leurs études à Paris* » (142) ; ils sont accusés d'être communistes. Malheureusement le secrétaire général du P.D.C.I. qui rapporte ces arrestations ne donne aucune information ni sur le nombre des arrêtés ni sur la nature de la peine qu'on leur a infligée. Mais devant la persistance de l'opposition syndicale estudiantine, Houphouët va utiliser les grands moyens.

D'abord, il accélère les négociations avec la France pour qu'elle construise une université à Abidjan. Houphouët-Boigny pense que s'il y a une université complète en Côte-d'Ivoire et que les étudiants ivoiriens ne sont plus obligés d'aller en France, les ayant à portée de main, il peut plus facilement les manipuler. La première pierre de l'Université sera posée le jeudi 7 février 1963 en présence de Raymond Triboulet, ministre français de la Coopération (143).

---

(141) *Le Journal*, n° 32, janvier 1960, p. 3.
(142) « Déclaration de P. Yacé », *Fraternité* du 15 février 1963.
(143) *Abidjan-Matin*, du jeudi 7 février 1963.

Ensuite, Houphouët tente de provoquer une dissidence au sein du mouvement étudiant en France en mettant sur pied l'U.N.E.C.I.

Alors commence un premier chantage. Les étudiants ivoiriens en France sont invités à tous entrer à l'U.N.E.-C.I. sinon le gouvernement supprime leur bourse ; en même temps, à la fin de l'année 1963, Houphouët transfère le siège de l'U.N.E.C.I. à Abidjan (144). Evidemment effrayés de ne pouvoir poursuivre leurs études, les jeunes gens dissolvent leurs associations respectives et adhèrent à l'U.N.E.C.I. Mais les étudiants ivoiriens en France entendent préserver la spécificité de leur situation à six mille kilomètres du pays ; ils mettent donc sur pied un « Comité U.N.E.C.I. de France » (145) ; d'autre part ils boudent le congrès... constitutif (juillet 1964, à Abidjan) d'une Union qui existe déjà. Il n'en fallait pas plus pour déchaîner le courroux du vieil homme. Houphouët découvre aussitôt un « *mouvement subversif universitaire* », et comme l'ambiance est aux arrestations, il fait arrêter quatorze étudiants.

C'est alors qu'intervient le second chantage d'Houphouët-Boigny. Il convoque à Abidjan les représentants des étudiants ivoiriens en France. La rencontre a lieu au cours d'une longue réunion de trois jours : les 4, 5 et 6 janvier 1965. Le problème d'Houphouët est simple. Il demande aux étudiants :

— de quitter la Fédération des Etudiants d'Afrique noire en France (F.E.A.N.F.) qui, pense-t-il, est « *affiliée à une organisation communiste* » ;

— de cesser les attaques contre le P.D.C.I., le gouvernement ivoirien et son chef ;

— de mettre fin à l'existence du « Comité U.N.E.C.I. de France » pour créer des sous-sections U.N.E.C.I. dans chaque Académie ;

— d'adhérer au P.D.C.I.-R.D.A.

En contre-partie, il libérerait les étudiants détenus à la prison de Yamoussoukro.

Après trois rudes journées de discussions, marquées par un long exposé de six heures du président, mais surtout marquées par des tractations et des pressions de toutes sortes, Doudou Salif, porte-parole de la délégation des étudiants de France laisse tomber le 6 janvier 1965 :

---

(144) *Fraternité* du 24 juillet 1964.
(145) *Fraternité-Spécial*, p. 4.

« Les étudiants reconnaissent les décisions du Congrès d'Abidjan, acceptent de se grouper en France au sein de sous-comités dépendant du Comité central qui a son siège en Côte-d'Ivoire.

Sur le plan du parti, tenant compte du choix du peuple, ils reconnaissent qu'ils ne sauraient se départir de ce choix.

Dès leur retour en France, ils s'attacheront donc à obtenir de chacun de leurs camarades son adhésion au P.D.C.I. » (146).

Alors — et alors seulement — Houphouët libère les quatorze étudiants détenus à Yamoussoukro pour « complot ».

La presse politique

Nous pouvons faire deux remarques :

• Tout naturellement, les journaux dépendant des partis opposés au P.D.C.I. ont disparu en même temps que ces partis. C'est le cas du *Progressiste* ; c'est le cas de l'éphémère *Attougblan*...

• En 1964, même des journaux très favorables au P.D.C.I., mais ne dépendant pas directement du parti, ont disparu de la circulation. Citons seulement les deux derniers cas :

— *Le Journal des fonctionnaires, des employés et de tous les amis du progrès de l'Afrique noire* ; mensuel créé en mai 1957, il défendait tellement les thèses du P.D.C.I. qu'un lecteur l'a traité de *Journal Officiel du R.D.A.* !!! (147).

— *Abidjan-Matin* ; créé en 1957, il a défendu inlassablement les thèses du P.D.C.I. ; en 1965 Yacé dira que ce quotidien « *ne pouvait pas donner à nos militants la physionomie exacte de nos activités tant sur le plan du parti que sur les plans parlementaire et gouvernemental* » (148).

Est-ce parce que ces journaux, bien que défendant les

---

(146) *Fraternité-Spécial*, p. 7.
(147) *Le Journal...*, n° 10, février 1958.
(148) *IVe Congrès du P.D.C.I.*, p. 38.

thèses du parti, n'étaient pas structurellement liés à ce dernier qu'ils ont disparu ? Nous ne le savons pas. En 1964 en tout cas, le P.D.C.I. fait un gros effort pour monopoliser la presse politique :

— Il achète une imprimerie moderne pour éditer sur place sa propre presse ; jusque-là l'hebdomadaire du parti, *Fraternité*, était édité à Paris par le journal *Combat* ;

— il modernise la présentation de l'hebdomadaire *Fraternité* qui devient *Fraternité-Hebdo* avec comme directeur politique Houphouët-Boigny ;

— il crée, avec le concours d'un groupe financier français, le quotidien *Fraternité-Matin* dont le premier numéro paraît le 9 décembre 1964.

Ces deux publications du parti, *Fraternité-Hebdo* et *Fraternité-Matin*, sont placées sous la direction de Mamadou Coulibaly, membre du Bureau politique du P.D.C.I., président du Conseil Economique et Social (149). En dehors de ces deux publications aucun autre journal n'existe.

Conclusion du chapitre premier

Quelques constats s'imposent.

• La dernière élection digne de ce nom en Côte-d'Ivoire est celle de 1957, élection nécessitée par la mise en place des structures de la loi-cadre. Ces élections virent le triomphe du P.D.C.I. et c'est tout logiquement que ce parti fut appelé à former le premier gouvernement de notre pays. Mais une fois son parti arrivé au pouvoir, Houphouët-Boigny conçut un ensemble de moyens et méthodes pour éliminer tous les partis rivaux et pour instituer sa dictature personnelle sur le pays.

• La fabrication des complots par Houphouët-Boigny a créé une ambiance de délation généralisée à travers tout le pays. Cette ambiance était propice à toutes les intrigues et certaines personnes en ont profité pour se

---

(149) *Idem*, p. 39.

faire connaître et se hisser à des postes de responsabilité. Pour ce qui concerne la région de Gagnoa dont je suis originaire, j'ai réussi à mettre la main sur des copies de six lettres de délation. J'en cite quelques extraits pour en montrer la portée sur les arrestations. Commençons par la lettre de Irigalé Moïse Prosper, datée du 22 janvier 1964 et adressée à Houphouët-Boigny :

> « ... *Au mois de juin 1963, j'avais signalé l'attitude de Pierre Dacoury, fils de Dacoury Tabley Jean, ancien député, qui infectait la région avec son action communiste ou subversive. Dès que celui-ci aurait appris des murmures il a demandé à partir pour la métropole* (...)
>
> (...) *La cause qui fait que les personnes ne veulent pas me sentir dans la sous-préfecture de Ouragahio, c'est à cause de la surveillance de tout individu qui voudrait semer des désordres dans ladite contrée. La bonne preuve en est qu'au cours de ma mission au mois de mars à Abidjan l'un des commis de Votre Présidence, Bobo Jules, originaire de Yopohua* (*Ouragahio*) *m'a provoqué des critiques à mon endroit* (...)
>
> (...) *Je vous le précise que la manifestation de Doudoukou n'était pas consacrée à la réconciliation.*
>
> (...) *En conséquence, Monsieur le Président, je vous adresse la présente lettre, en vous priant de bien vouloir mener les enquêtes pour trouver le but motivé à cette manifestation. Puisqu'à notre séparation de Doudoukou, j'avais dit à Domoraud Dépri* (150) *de faire suivre à son homologue Gris Camille* (151) *d'un rapport politique afin que le bureau ou Comité directeur R.D.A. puisse étudier sa situation, au sujet d'une telle promenade* » (152).

Dans cet extrait, Irigalé Moïse Prosper avoue avoir dénoncé Pierre Dacoury comme étant un communiste. Or au moment des arrestations, Pierre Dacoury était déjà retourné en France où il était étudiant en Droit. En parcourant le procès-verbal de l'instruction du « complot d'août 1963 », nous nous rendons compte qu'effectivement Pierre Dacoury n'est pas arrêté, mais que par contre, son frère aîné Joseph Dacoury l'est ; il porte le n° 43 des inculpés du « complot Mockey » (153). Est-ce

---

(150) Secrétaire général de la sous-section P.D.C.I.-R.D.A. de Gagnoa au moment où cette lettre est rédigée.

(151) Ministre du Travail au moment où cette lettre est rédigée.

(152) Lettre de Irigalé Moïse Prosper.

(153) *Ordonnance...*, pp. 59 et 74.

une substitution ? Irigalé Moïse Prosper parle ensuite des villages de Yopohua et de Doudoukou ; or ces deux villages sont abondamment cités dans le procès-verbal de l'instruction. Enfin, notre délateur dénonce Gris Camille, ministre du Travail.

Naturellement Gris Camille est arrêté et suspecté d'avoir tenu une réunion subversive à... Doudoukou et d'avoir promis le lotissement du village de... Yopohua. Il porte le n° 3 des inculpés du « complot Mockey » (154).

Irigalé Moïse Prosper est aujourd'hui secrétaire général de la section P.D.C.I.-R.D.A. de la sous-préfecture de Ouraghio.

Citons aussi la fin de cette autre lettre de dénonciation rédigée par Domoraud Dépri Antoine le 5 mars 1963 et adressée à Yacé Philippe. Après avoir dénoncé, sur neuf pages, pêle-mêle des paysans, des commerçants, des sous-préfets, il décrit les « menées subversives » du député Kouamé Zady Nicodème, puis conclut :

> « *Quoique sujette à caution parce que fournies par des personnes isolées, les diverses déclarations faites par des personnes désintéressées sur les activités du député Kouame Zady Nicodème et les remarques qu'il nous a (été) donné de faire sur ses agissements et son comportement sont de nature à salir son honneur et à rendre difficile, sinon impossible, sa collaboration sur le plan politique avec ses amis du bureau de la sous-section...* » (155).

Naturellement, Kouamé Zady Nicodème fut démis de ses fonctions de député et arrêté dans le « complot Mockey » ; il porte le n° 80 du procès-verbal d'instruction. A sa place, on nomma l'auteur de la lettre, Domoraud Dépri Antoine. Depuis l'époque des « complots », la délation est devenue un phénomène tellement répandu que de nos jours encore, elle demeure un élément essentiel du système Houphouët et un moyen d'ascension efficace dans le parti et le gouvernement. Une autre conséquence de la généralisation de la délation est l'affaiblissement de l'administration au profit des sous-sections P.D.C.I. ; pour monter dans la hiérarchie du parti ou, tout au moins, pour conserver sa place, chaque secrétaire général de sous-section redouble d'ardeur dans la criminelle ima-

---

(154) *Ordonnance...*, p. 41.
(155) Lettre de Domorand Dèpri Antoine.

gination et les agents de l'administration furent souvent dénoncés quand ils voulurent freiner ce débordement malsain (156).

• Nous avons vu que parmi les moyens utilisés pour mettre en place le système Houphouët, il y a la création des complots, les arrestations, la délation. Mais d'autres moyens furent utilisés. Aux dires des anciens prisonniers avec qui j'ai pu m'entretenir, la torture physique la plus couramment utilisée à Yamoussoukro fut la bastonnade. De toutes les façons, toutes les hypothèses sur la mort de Boka sont d'accord sur au moins un seul point : il a été sauvagement bastonné. Selon les cas, d'après ce qu'il m'a été donné de recueillir comme témoignages oraux, les prisonniers pouvaient recevoir entre 50 et 100 coups de chicotte par jour sur le dos nu. Ayant moi-même été arrêté deux fois pour fait politique, je confirme qu'Houphouët-Boigny fait bastonner ceux qu'il arrête. En mai 1969, 400 étudiants de l'Université d'Abidjan ont été arrêtés pour « grève politique » ; j'en étais. La bastonnade qui eut lieu sur le stade de football du camp militaire d'Akouédo me laissa tout simplement pantois. En mars 1971, alors que j'étais professeur d'histoire au Lycée Classique d'Abidjan, je fus de nouveau arrêté pour des raisons qu'on ne m'a jamais officiellement précisées. J'avais comme compagnon d'infortune un directeur de Cabinet et un chef de service régional. Nous avons trouvé au camp militaire d'Akouédo quelques centaines d'étudiants coupables d'avoir créé une Union Syndicale des Etudiants et Elèves de Côte-d'Ivoire (U.S.E.E.C.I.), syndicat indépendant du pouvoir. Ces étudiants furent tellement bastonnés que deux d'entre eux s'évanouirent ; parmi ces deux là il y avait un certain Jean-Pierre Ayé, aujourd'hui journaliste politique du P.D.C.I. et pourfendeur des opposants... Revenons aux prisonniers de Yamoussoukro pour dire qu'ils étaient bastonnés. C'est d'ailleurs de cette façon que les juges d'instruction réussissaient à leur arracher des aveux souhaités. Deux des anciens prisonniers m'ont même dit que les textes de leurs aveux étaient préparés à l'avance ; lorsqu'un inculpé arrivait devant le juge on lui lisait « son » aveu. Il pouvait échapper à la chicotte s'il « avouait » immédiatement. S'il s'indignait et refusait... c'était la chicotte. Nous trouvons d'ailleurs les traces de cette interrogation musclée dans la manière

(156) *Année Africaine, 1963*, p. 243.

même dont a été rédigé le procès-verbal de l'instruction du « complot Mockey ». En effet, pour la plupart des inculpés de ce complot, le procès-verbal mentionne qu'ils ont d'abord nié avoir participé au complot, puis qu'ils ont fini par reconnaître leur participation. On se garde évidemment de dire que c'est la bastonnade qui les a contraints à reconnaître qu'ils font partie d'un « complot ». Reproduisons quelques morceaux choisis de cette fresque :

> *Mockey Jean-Baptiste :*
>
> *Après avoir nié énergiquement, a fini par se rendre à l'évidence et reconnaître sa participation à la subversion...* (157).
>
> *Jean Konan Banny :*
>
> *Après avoir nié sa participation à la subversion, il a finalement reconnu...* (158).
>
> *Kacou Aoulou :*
>
> *Après avoir nié énergiquement, il a fini par reconnaître sa participation au mouvement subversif...* (159).
>
> *Tidiane Dem :*
>
> *Ayant d'abord nié sa participation au mouvement subversif, il a fini par reconnaître...* (160).
>
> *Sery Kore :*
>
> *Après avoir nié les faits lors de sa première comparution devant le Juge d'Instruction, a reconnu par la suite...* (161).

• Une autre méthode utilisée par Houphouët-Boigny pour asseoir son pouvoir personnel, c'est de salir dans l'opinion publique l'image de ceux contre lesquels il combat. Comme toute accusation arbitraire fait toujours converger vers l'accusé une vague de sympathie, Houphouët s'efforce de montrer qu'en plus du fait qu'ils sont des « comploteurs », ceux qu'il a fait arrêter sont ou bien des illuminés, ou bien des voyous, ou bien des criminels de droit commun... en tout cas qu'ils sont des

---

(157) *Ordonnance...*, p. 39.
(158) *Idem*, p. 40.
(159) *Idem*, p. 42.
(160) *Idem*, p. 45.
(161) *Ordonnance...*, p. 46.

individus à ne pas prendre au sérieux. Le P.D.C.I. recourt au dénigrement systématique. Nous avons vu comment il a tenté de faire passer Ernest Boka pour un obsédé sexuel. Pour dénigrer le capitaine de douanes Anaki, on le présente comme un général communiste à la tête d'une armée d'étrangers prête à massacrer les membres du gouvernement ivoirien (162).

Quant à Amadou Koné, Charles Donwahi et Issa Bamba, ils sont présentés comme des hommes veules qui entreprennent des démarches clandestines pour préserver leurs postes et qui n'hésitent pas à dénoncer leur homme de main, Grogüe, dont on nous fait comprendre qu'il est un soûlard notoire qui reconnaît lui-même avoir été surnommé Whisky (163).

Jean-Baptiste Mockey, lui, a d'abord été accusé de pratiques fétichistes. Plus tard, profitant de la crise du Sanwi, on tente de le présenter comme un sécessionniste (164) et comme un homme d'affaires véreux (165). Enfin, les principaux accusés du « complot d'août 1963 » (Mockey, Banny, Gris Camille, Dosso, Faulet Charles, Bohui Christophe) sont dépeints comme des assassins (166).

• Il est extrêmement difficile, dans l'état actuel de nos investigations, de dire avec précision le nombre de personnes qui ont été arrêtées et emprisonnées lors de ces différents complots. Il est encore plus difficile de connaître le nombre de personnes mortes en prison. Bien sûr l'on connaît le cas de Boka Ernest parce que sa qualité d'ancien ministre et d'ancien président de la Cour Suprême rendait impossible toute tentative de camouflage. Mais combien de personnes moins connues sont mortes sans que la presse n'en fasse état ? Notons seulement que « La Voix du Sanwi » signale que Gabriel Etche Brou est mort dans la prison de Yamoussoukro (167). Il y a aussi le cas de ce vieux cuisinier Beugré François, que nous appelions familièrement Beugré Plakalé (nous habitions le même quartier à Gagnoa).

---

(162) *Abidjan-Matin* du lundi 11 février.

(163) *Idem*, p. 3.

(164) J. Baulin, *La politique intérieure d'Houphouët-Boigny*, Ed. Eurafor-Press, 1980, p. 36.

(165) J. Baulin, *idem*, Eurafor-Press, 1982, p. 138.

(166) *Ordonnance...*, p. 35.

(167) J. Baulin, *La politique africaine d'Houphouët-Boigny*, p. 31.

Eh bien ! ce vieux Beugré François, dit Beugré Plakalé, est mort une semaine après être revenu de Yamoussoukro. Il y a eu des morts à Yamoussoukro. Nous ne pouvons pas en connaître le nombre exact aujourd'hui. Mais il y a aussi ceux qui sont sortis malades de la prison d'Assabou. Citons le cas de Zagadou Ouraga, tailleur, que les gosses de Gagnoa avaient surnommé « Pierre Loti » ; il porte le n° 91 sur le procès-verbal d'instruction, il est sorti fou de prison ; Zélaka Albert aussi est sorti fou de prison ; il est mort quelques mois après sa sortie. Citons aussi les cas de Bédi Oboudou André (n° 34), Ladji Sidéhé (n° 12), Séry Koré (n° 10) : ils sont sortis de la prison de Yamoussoukro avec des maladies qu'ils ont traînés des années et qui ont fini par les emporter dans la tombe. Ne connaissant pas tous ceux qui sont sortis de Yamoussoukro, je n'ai fait que citer là, comme témoignage, les quelques cas qu'il m'a été donné de constater.

• Fabrication de complots, délation généralisée, arrestations, bastonnades, mort pour certains, maladies pour d'autres, voilà comment Houphouët-Boigny a inauguré l'Indépendance de la Côte-d'Ivoire. Cet ensemble de faits qui reste très présent dans l'esprit de tous les Ivoiriens qui ont plus de trente ans a créé au sein de notre peuple un grand sentiment de peur. Plus personne n'ose parler, plus personne n'ose agir. Dans les services, les dossiers traînent car personne ne sait ce qu'une signature apposée au bas d'une page peut entraîner. Cette situation de peur généralisée a donné lieu à la formulation, par le peuple, d'un certain nombre de préceptes qui, plus que tout discours, indique jusqu'à quel point les Ivoiriens s'auto-censurent. Je ne citerai ici que les deux préceptes les plus connus :

— *Zié voa, Bouch' paalé pa* (les yeux voient, la bouche ne parle pas) ; c'est une invitation à se montrer extrêmement prudent dans ses propos ; il ne faut jamais dire ce qu'on sait et il faut se garder de toute critique, surtout quand on est au courant de ce qui se passe...

— *Qui est fou ?* Il faut être vraiment fou dans ce pays pour aller se mêler de faire des critiques politiques alors que tout le monde autour de soi se remplit tranquillement les poches ; il faut rentrer dans les rangs, faire comme tout le monde pour avoir une place au soleil.

Auto-censure et dépersonnalisation des Ivoiriens, voilà les résultats les plus profonds, les plus durables et les plus dramatiques que la création des « complots » ait eu sur mon peuple. La peur et l'auto-censure qu'elle sécrète sont la base philosophique de la stabilité du régime ivoirien.

• En 1965, *le système Houphouët* est en place. Tous les partis opposés au P.D.C.I. ont disparu ; la plupart des leaders des anciens partis sont en prison. Au sein même du parti unique, tous les jeunes diplômés qui ont fait irruption sur la scène politique en 1956-1957 ne sont plus là pour empêcher de tourner en rond ; la J.R.D.A.C.I. qu'ils ont créée a disparu et plus jamais personne ne parlera d'elle. Les anciens militants dont le loyalisme à l'égard du « Père de la Nation » semblait un peu tiède sont eux aussi en prison.

A l'image du parti unique, le P.D.C.I. a créé une centrale syndicale unique pour les travailleurs, l'U.G.T.C.I., un syndicat unique pour les étudiants, l'U.N.E.E.E.C.I. Quant à la presse, le P.D.C.I. ne tolère même pas les journaux qui se contentent de lui être acquis ; désormais la seule presse autorisée est celle qui dépend directement du parti.

C'est la *troisième pacification de la Côte-d'Ivoire* après celle d'Angoulvant (1908-1914) et celle de Péchoux (1947-1951). Le pays étant redevenu un océan très calme, le P.D.C.I. peut envisager sereinement de convoquer son quatrième congrès qui doit faire le bilan de toute cette activité fébrile. Il se tient les 23, 24 et 25 septembre 1965. A cette occasion, et pour colmater les brèches créées dans le parti par les multiples arrestations, Houphouët fait monter dans la hiérarchie du parti une vague de jeunes technocrates tout acquis à sa cause ; celui dont on veut faire leur chef de file est Henri Konan Bédié. Il ne déçoit pas l'attente du vieil homme. Le discours de clôture qu'il prononce est sans ambiguïté car il indique clairement la volonté de soumission des jeunes promus. A la tribune du Congrès, il prononce ces paroles puissantes :

> « ... *Non, non, les jeunes du P.D.C.I., qui seront demain à leur tour les vieux du P.D.C.I. n'auront nul besoin de changer notre pratique de la stabilité et de la continuité.*
>
> *Le président, disent les jeunes, a raison en faisant*

une telle affirmation. Le président a raison. Il a raison. Il a raison, il a raison, cent fois raison ! » (168).

Après le congrès de septembre 1965, comment Houphouët voit-il la situation ? Le pays est pacifié. La peur a pris la population aux tripes ; il peut donc compter sur un calme prolongé. Le parti, après avoir été épuré, est bien tenu en main, surtout que le fidèle Yacé est là qui veille au grain. Travailleurs et étudiants se tiennent tranquilles. Houphouët entreprend alors le processus de libération des prisonniers détenus à Yamoussoukro.

Un décret du 24 novembre 1965 réduit toutes les peines. Ainsi, sur les dix-huit condamnations à mort, quatre sont commuées en travaux forcés à perpétuité (Mockey J.-B. ; Gris Camille, Kacou Aoulou, Ladji Sidibé) et quatorze en vingt ans de travaux forcés... (169). Le 5 août 1966 est signé un autre décret qui commue en dix ans de travaux forcés les peines de Mockey, Kacou Aoulou, Ladji Sidibé, Anaky Paul Joachim, Koné Amadou, Banny Jean ; la condamnation de Gris Camille est commuée en six ans de travaux forcés. Les autres détenus sont libérés (170). Le 11 mai 1967, Houphouët-Boigny saisit le prétexte des funérailles de sa tante Kimou Bra pour libérer les sept derniers prisonniers de Yamoussoukro ; voici le communiqué du Bureau politique qui annonce cette libération :

« *... Le Conseil national, à l'occasion des funérailles de la tante de M. le président Félix Houphouët-Boigny, a vu se réaffirmer avec spontanéité et force l'unité nationale. Aussi interprétant la philosophie d'amour, de solidarité, d'oubli et de pardon qui caractérisent nos funérailles traditionnelles, le président de la République a demandé et obtenu du Conseil national la libération des sept derniers Ivoiriens détenus pour délits politiques, en l'occurrence :*

— *Mockey Jean-Baptiste,*
— *Kacou Aoulou,*
— *Gris Camille,*
— *Kone Ahmadou,*
— *Banny Jean,*
— *Ladji Sidibé,*

---

(168) *IVe Congrès du P.D.C.I.*, septembre 1965, p. 86.

(169) *Journal Officiel* de la Côte-d'Ivoire, 25 novembre 1965, pp. 1258, 1259.

(170) *Journal Officiel* de la Côte-d'Ivoire, 6 août 1966, pp. 1009 et 1010.

— et Anaky Paul,

tous élargis séance tenante.

Ainsi donc il n'existe plus en Côte-d'Ivoire aucun détenu politique... » !!! (171).

En 1969, la prison de Yamoussoukro est rasée. Le 9 mai 1971, Houphouët convoque à Yamoussoukro tous les anciens détenus. Il leur parle d'amour, de réconciliation, etc. C'est la première fois qu'il avoue qu'il n'y a jamais eu de complot contre lui. Le 12 juin 1980, il confirme qu'il n'y a jamais eu de complot contre lui. Le 12 juin 1980, il confirme qu'il n'y a jamais eu de complot en Côte-d'Ivoire ; mais en même temps, il se blanchit en rejetant la responsabilité des arrestations de 1963 sur Pierre Goba, directeur de la Sûreté nationale au moment des événements, qui aurait monté toute cette machination pour devenir ministre de l'Intérieur. *Fraternité-Matin* rapporte les propos du chef de l'Etat :

> « *"Il n'y a jamais eu de complot en Côte-d'Ivoire, ni de menace de coup d'Etat", a dit le chef de l'Etat avec force.*
>
> *En 1963, il s'était agi de la machination d'un individu envieux, désirant obtenir par tous les moyens un poste de haute responsabilité* » (172).

Je considère cette déclaration comme une insulte au peuple ivoirien.

(171) *Fraternité-Matin* du vendredi 12 mai 1967.
(172) *Fraternité-Matin* du vendredi 13 juin 1980, p. 19.

2

La répression de routine ou la peur au quotidien

Après 1965, le principe de la fabrication des « complots » n'est pas abandonné. Mais désormais, au lieu de frapper ensemble toutes les couches de la population, on fait une sélection : tantôt c'est une région qui est dénoncée, tantôt c'est à l'intérieur d'un corps socio-professionnel qu'on découvre un « complot »... Le tout entretient la peur, l'auto-censure, et assure la pérennité du régime. D'autre part le dénigrement devient systématique ; pour tenter de couper du peuple ceux que l'on accuse de « comploter », on les présente comme des escrocs, des assassins, ou tout simplement comme des privilégiés insatiables, et toujours comme des personnes téléguidées de l'extérieur.

L'affaire du Sanwi

Beaucoup de républiques africaines renferment aujourd'hui des poches de monarchies, survivances d'une organisation socio-politique ancienne qui a résisté à la colonisation et à l'indépendance. Selon les cas, ou bien le colonisateur a combattu ces monarchies quand elles gênaient ses ambitions, ou bien il s'est appuyé sur elles quand au contraire elles acceptaient l'occupation. Dans notre sous-région, les monarchies qui, aujourd'hui, sont assez puissantes pour peser sur les républiques qui les renferment sont incontestablement le royaume mossi (capitale : Ouagadougou) en Haute-Volta et le royaume ashanti (capitale : Kumassi) au Ghana. En Côte-d'Ivoire, il existe certes quelques monarchies anciennes (les royaumes du Sanwi, de l'Indénié, des Abron, etc.) et quelques chefferies, mais elles sont de très petites dimensions et — par bonheur — elles n'ont aucun poids politique réel sur la conduite des affaires.

Le Sanwi est un de ces petits royaumes. Situé au nord-est de Grand-Bassam, à proximité du Ghana, il est de peuplement agni. Le principal centre urbain de cette région agricole est aujourd'hui Aboisso. Le royaume Sanwi qui entra pour la première fois en contact avec les Européens en 1637 signa un traité de protectorat avec la France en 1843, un demi-siècle avant l'érection de la Côte-d'Ivoire en colonie autonome. De tels traités, dont le symbole le plus grotesque demeure le « traité Makoko », sont sans valeur à nos yeux parce que profondément inégalitaires ; ils furent, entre les mains des agents de l'impérialisme français, des armes redoutables dont l'objectif était d'abord et avant tout d'asservir nos peuples. « Protectorat » ou « colonisation directe », l'objectif était le même pour l'occupant : asservir nos peuples pour mieux les exploiter (1). Non seulement ces traités sont irrecevables, mais personne aujourd'hui n'a le droit de s'en prévaloir pour légitimer une quelconque revendication.

Or c'est précisément du traité de 1843 que se prévalurent certains monarchistes du Sanwi pour faire une triple tentative de sécession.

• D'abord en 1959, le « gouvernement royal » du Sanwi se mit en état de sécession vis-à-vis de la République de Côte-d'Ivoire lui réclamant la « reconnaissance... de l'intégrité du royaume d'Amou Douffou II, dans les limites consacrées par le traité de 1843 » (2) ; dans le même temps une délégation de ce « gouvernement » était envoyée à Paris pour tenter d'obtenir sa reconnaissance. Elle fut arrêtée à Paris et remise à Houphouët-Boigny en même temps qu'on incarcérait en Côte-d'Ivoire le roi

---

(1) L. Gbagbo, *La décolonisation, essai de définition d'une problématique*, Annales de l'Université d'Abidjan, série I (Histoire), tome VI, 1978.

(2) *Fraternité*, n° 9 du 19 juin 1959.

Sanwi (3). Les arrestations prirent très vite de l'ampleur : 412 personnes emprisonnées (4). Le 4 mars 1960, « *le tribunal correctionnel d'Abidjan (condamne) tous les autonomistes du Sanwi à de lourdes peines allant de cinq à dix ans de prison, et jusqu'à vingt ans d'interdiction de séjour* » (5). Il semble, d'après les déclarations de Joseph Attoubou, qu'aux environs de décembre 1961, ces détenus aient été (partiellement ou totalement ?) graciés et libérés (6).

• En 1961, certaines des personnes libérées passent au Ghana voisin, mettent sur pied un gouvernement en exil du Sanwi et se placent sous la protection du président Kwamé N'Krumah (déclaration de Ernest Attié) (7). En 1966, N'Krumah est renversé. Son successeur, Ankrah, livre à Houphouët-Boigny les exilés du Sanwi, sauf un, Ehenou Bilé, qui se réfugie au Caire (8). Combien de temps ont-ils passé en prison ? Je ne puis le dire avec exactitude. Mais après une réunion politique tenue à l'Assemblée nationale et à laquelle assistait une délégation ghanéenne, Houphouët-Boigny les couvrit de sarcasmes et de quolibets avant de les libérer (9).

• En novembre 1969, le problème du Sanwi est de nouveau soulevé ; l'armée ivoirienne intervient dans la région d'Aboisso et procède à environ six cents arrestations (10). En février 1970, Nanlo Bamba (ministre de l'Intérieur), M'Bahia Blé Kouadio (ministre de la Défense), Amon Tanoh Lambert (ministre de l'Education nationale) et Joseph Anoma (grand chancelier de l'Ordre national) se rendent à Aboisso où ils tiennent un meeting. Le ministre de l'Intérieur prend la parole. Il flétrit Ehounou Bilé, « *agent de N'Krumah et de Sékou* », dénonce « *les petits intellectuels* ».

Avant de poursuivre, il me faut tout de suite proclamer un point de vue qui m'est très cher. Dans nos jeunes Etats multi-ethniques en construction, toute tentative de sécession constitue un danger de régression. J'ai

---

(3) *Afrique Nouvelle*, n° 1169, semaine du 1er au 7 janvier 1970.
(4) J. BAULIN, *La politique africaine*, p. 24.
(5) *Idem.*
(6) *Fraternité* du 18 mars 1961, p. 7.
(7) *Idem.*
(8) *Afrique Nouvelle*, n° 1169, semaine du 1er au 7 janvier 1970.
(9) *Fraternité* du 18 mars 1966.
(10) *Fraternité* du 20 février 1970, p. 5.

ressenti comme une honte pour l'Afrique la tentative de dislocation de l'ancien Congo-Léopoldville (sécessions du Katanga et du Kasaï) ; j'ai ressenti comme une honte encore plus grande (parce que le gouvernement de mon pays soutenait les sécessionnistes) la folle aventure du Biafra (11). J'ai ressenti avec amertume et tristesse les tentatives sécessionnistes des monarchistes Sanwi et je condamne sans rémission de telles pratiques.

Mais quels sont les problèmes soulevés par cette tentative de sécession en Côte-d'Ivoire ? J'en vois au moins quatre :

a) Cette affaire soulève le problème de la construction et du maintien de l'unité nationale dans un jeune Etat multi-ethnique.

b) Aucun des peuples composant la Côte-d'Ivoire actuelle n'ayant eu à l'époque précoloniale une vie républicaine, il y a là posé le problème de l'intégration de toutes les structures politiques anciennes dans un cadre juridique *nouveau* et *unique* : *la République.*

c) Il y a là également le problème du hiatus existant entre la réalité de la *citoyenneté ivoirienne* et celle de la *citoyenneté ethnique.*

d) Les frontières coloniales ayant été tracées en dépit de tout bon sens, le problème est posé de savoir si, à la moindre difficulté intérieure, les peuples vivant le long de ces frontières ne vont pas être tentés de regarder du côté des « cousins » de l'autre côté. Par exemple, les Wè se retrouvent en Côte-d'Ivoire et au Libéria ; les Malinké en Côte-d'Ivoire, en Guinée, au Mali ; les Sénoufo, en Côte-d'Ivoire, au Mali, en Haute-Volta ; les Akan (dont les Agni) en Côte-d'Ivoire et au Ghana, etc.

Ces problèmes sont sérieux. Il faut pour les résoudre de la constance, de la rigueur et une élévation d'esprit que — hélas — nous ne rencontrons pas souvent chez les dirigeants du P.D.C.I. Devant ces problèmes graves et fondamentaux, il eut fallu réfléchir au *problème des nationalités* tel qu'il se présente chez nous, avec cette particularité qui peut être utilisée de façon bénéfique que nous n'avons dans notre pays ni une nationalité puissante capable de vassaliser les autres, ni une nationalité

---

(11) Pendant qu'Houphouët-Boigny combattait les sécessionnistes du Sanwi, il appuyait à fond la sécession biafraise et reconnaissait diplomatiquement « *l'Etat indépendant du Biafra* » ! ! !

régionale suffisamment forte et grande pour envisager sérieusement de vivre en se passant des autres... Il eut fallu, en partant de l'étude réelle du terrain, définir comme objectif à atteindre l'intégration de tous les peuples de la Côte-d'Ivoire au sein d'une République et dégager les moyens théoriques et matériels pour y parvenir. Il eut fallu promouvoir, au niveau de l'administration, des *structures suffisamment intelligentes* pour assurer l'égalité de tous devant la loi républicaine sans tomber dans une uniformisation forcenée et un jacobinisme outrancier. Il eut fallu éviter ce double jeu (hérité il est vrai de l'administration coloniale) qui consiste à s'appuyer à la fois sur une administration centralisée et sur une clique de monarques anciens, leur donnant ainsi dans les faits une légitimité que la République leur refuse par principe. Il eut fallu, dès le lendemain de l'Indépendance, se débarrasser de ces structures anachroniques mises sur pied par la colonisation que sont les chefferies de canton. Il eut fallu adopter un véritable plan d'extinction progressive mais radicale des petites monarchies au lieu de s'adonner à la petite politique qui consiste à dresser les monarques les uns contre les autres (ainsi pendant que le P.D.C.I. incarcère le chef Sanwi rebelle Kacou Anoh, il encense M'Lan Narcisse, « *ce chef fidèle du Sanwi* ») (12).

Tout cela nécessitait un gigantesque combat sur les plans administratif, politique, économique, *mais surtout sur le plan culturel.* Ce combat se révéla être au-dessus des forces du P.D.C.I. Quelles furent les réponses de ce parti devant ce problème national ? J'ai déjà parlé du cycle sécession/répression/sécession dans lequel se sont enfermés et le P.D.C.I. et les partisans d'Ehounou Bilé. Mais au plan conceptuel, quelles furent les réponses du P.D.C.I. à ce problème ?

• D'abord le P.D.C.I. prend à parti l'ensemble des Agni, jetant ainsi l'anathème et l'opprobe sur une ethnie entière. Des individus commettent une faute — grave — contre l'intégrité de l'Etat. Les coupables sont connus. Que fait le P.D.C.I. ? Il tire à boulets rouges sur l'ensemble de l'ethnie dont sont issus les fautifs. Relisons ensemble un extrait de l'article publié dans l'hebdomadaire de ce parti en 1959 :

« *S'étant trouvés sur le chemin de la pénétration*

(12) *Fraternité* du 18 mars 1966, pp. 6 et 7.

française, les Agni furent les premiers à bénéficier d'une certaine instruction et les premiers, par conséquent, à fournir au pays quelques élites. Dès l'instant, cependant, que le progrès s'étendit à tout le pays et que d'autres élites furent formées qui pouvaient prétendre à la direction des affaires, les Agni en éprouvèrent chaque jour un peu plus de ressentiment. Tout ce qui pouvait ainsi contribuer au progrès social, ils l'ont considéré comme exactement contraire à leurs intérêts.

Il est, quoi qu'il en soit, certain que les difficultés les plus sérieuses qui s'opposèrent au triomphe final de l'idéal R.D.A. vinrent, dès 1946, des Agni » (13).

En 1970 Nanlo Bamba reprend, au meeting d'Aboisso, la même attaque contre l'ensemble des Agni :

> « *Le ministre a rappelé que les Agni avaient invité en 1946 M. Houphouët-Boigny alors médecin et chef de canton à Yamoussoukro, son village natal, à prendre la tête du Syndicat Agricole Africain, précurseur du Rassemblement Démocratique Africain (R.D.A.) qui venait d'être créé.*
>
> *Un an plus tard, devait ajouter le ministre, les Agni se retournaient contre M. Houphouët-Boigny contrecarrant la réalisation de son programme politique par la création d'un parti progressiste d'opposition* » (14).

Signalons en premier lieu que si *des monarchistes du Sanwi* (et non les Agni) ont décidé de faire sécession, ce n'est pas parce que l'Etat ivoirien était dirigé par un non-Agni puisqu'aussi bien pendant les deux guerres mondiales (1914-1918 et 1939-1945) les monarchistes du Sanwi refuseront d'être mobilisés, rejetant par cette attitude le statut de sujet français, donc *l'autorité française* (15). Si donc la monarchie Sanwi décide de faire sécession, ce n'est pas que les Agni font « *preuve du racisme le plus borné* » (16), mais c'est parce que la royauté de Krinjabo se rebelle contre tout Etat (colonial ou post-colonial) qui l'englobe pour mieux la faire disparaître. Ce genre de conflit existe aujourd'hui dans beaucoup de pays. Et pas seulement dans des pays africains. C'est un problème très

---

(13) *Fraternité*, n° 9 du 19 juin 1959.
(14) *Afrique Nouvelle*, n° 1169, semaine du 1er au 7 janvier 1970.
(15) SIRIEX, *Houphouët-Boigny*, p. 202, note 2.
(16) *Fraternité* du 12 juin 1959, p. 2.

important posé à la conscience de tous les Ivoiriens. De la solution apportée à ce cas d'espèce dépend la réussite ou l'échec de l'intégration harmonieuse des différentes ethnies dans la nation ivoirienne en devenir. C'est un problème. Mais c'est un tout autre problème que celui évoqué par les porte-parole du P.D.C.I.

Signalons en second lieu que la hargne d'Houphouët contre les Agni s'explique par le fait qu'en 1946, au moment de la création des partis, le parti progressiste, rival du P.D.C.I., comptait dans ses rangs beaucoup de cadres agni. Mais enfin ! Depuis des siècles pour certaines régions côtières, des décennies pour d'autres régions plus éloignées de la côte, la Côte-d'Ivoire a vécu sous le joug d'un colonialisme particulièrement brutal avec des juridictions d'exception à tous les échelons pour les sujets, s'appuyant sur l'humiliant code de l'indigénat. L'instruction, distillée avec parcimonie, était orientée vers la « fabrication » d'agents d'exécution pour l'administration, l'industrie, l'agriculture et le commerce coloniaux. Dans ces conditions, il eut été tout à fait logique de craindre que ceux qui n'étaient encore que des « sujets français », éblouis par la liberté nouvelle, ne se mettent à créer une poussière de partis tribaux. *Mais sur ce point précis, les Ivoiriens ont été admirables et il n'y eut pas dans notre pays de partis tribaux comme on en connu ailleurs.* Ici et là, il y eut — comme dans tous les pays du monde — des hommes politiques qui ont eu une influence sur les votes de leurs régions respectives, mais *il n'y a jamais eu de parti à base ethnique.* Lors des élections de 1945, chaque candidat a présenté un programme ; Houphouët fut élu parce que son programme, plus cohérent que tous les autres, emportait l'adhésion de la majorité de la paysannerie, surtout que depuis 1944 à la tête du Syndicat Agricole Africain il réclamait la suppression du travail forcé. Pourquoi le chef de l'Etat, garant de l'unité nationale, cherche-t-il à maquiller l'histoire en laissant supposer qu'il a existé un parti agni (le parti progressiste), opposé au sien (le P.D.C.I.) ? Il est mauvais pour un homme politique d'avoir le souvenir sélectif. Kacou Aoulou et d'autres Agni ont soutenu la candidature de Kouamé Benzème puis milité au sein du parti progressiste. Cela est vrai. Mais Houphouët a la mémoire trop grande pour oublier que dans le même temps, il a bénéficié du soutien de Joseph Anoma, d'Amon Tanoh Lambert qui sont aussi Agni. Il a la mémoire trop grande pour oublier qu'il a eu des soutiens dans toutes les régions du pays *à cause de son programme et non pas à cause de son appartenance ethnique*.

Signalons enfin que le P.D.C.I. tente de faire accréditer l'idée selon laquelle les Agni ont été pendant quinze ans (1945-1960) des collaborateurs de l'administration coloniale, ce qui a permis la sauvage répression frappant le P.D.C.I. dans les années 1949-1950 (17). Non ! Ni les Agni, ni les « élites agni » ne sont collabo. Non ! Aucune ethnie, aucun peuple n'est ontologiquement collabo. Quelle était la situation en Côte-d'Ivoire ? Entre 1946 (année de la création de la plupart des partis) et 1951 (année du désapparentement du P.D.C.I. d'avec le P.C.F.), il a existé dans notre pays cinq partis :

— le Parti Démocratique de Côte-d'Ivoire ou P.D.C.I. ;
— la Section Ivoirienne de la S.F.I.O. ;
— le Parti Progressiste de Côte-d'Ivoire ou P.P.C.I. ;
— l'Entente des Indépendants de Côte-d'Ivoire ou E.D.I.C.I. ;
— le Bloc Démocratique Eburnéen ou B.D.E.

Ces partis avaient en commun d'être légaux et légalistes. Ils avaient en commun de rejeter toute idée de rupture avec l'Union française, toute idée de rupture avec l'ordre colonial. Cependant une contradiction importante séparait le P.D.C.I. et les quatre autres partis.

Le P.D.C.I. mena une lutte vigoureuse contre la mainmise du colonat sur l'économie du pays ; contre les méthodes inhumaines de l'administration coloniale. Prolongeant à l'Assemblée nationale française le combat que ses camarades continuaient sur le terrain, Houphouët-Boigny, leader du P.D.C.I. obtint une avancée sociale de première importance pour l'ensemble des colonies françaises : la suppression du travail forcé. Mais le P.D.C.I., par l'intermédiaire du R.D.A., était allié au Parti communiste français, ce qui n'est pas une honte, quoique les dirigeants ivoiriens veuillent aujourd'hui minimiser la portée de cette alliance qui dépassait le simple cadre parlementaire. Qu'on en juge d'après cette déclaration d'Houphouët-Boigny en 1947 devant les élus communistes :

---

(17) a) *Fraternité* du 12 juin 1959, « Une série de mystifications », par Amadou Bocum ; b) *Fraternité* du 19 juin 1959, « Démocratie contre féodalité », par Jean-Baptiste Mockey, « La vérité sur l'affaire d'Aboisso ».

« ... Tous nos frères africains finiront par se rendre compte qu'ils appartiennent à une seule classe, la classe des exploités : depuis le chef impayé auquel on a laissé un titre de prince pour tromper le peuple, jusqu'au travailleur misérable de nos villages en passant par le fonctionnaire et l'employé démunis de diplômes d'Etat, tous savent qu'ils sont les tristes victimes d'un régime qui ne corrompt les uns que pour les asservir tous...

... L'individualisme, l'égoïsme, le capitalisme prolongeront l'agonie de l'Afrique. Je crains même qu'ils ne la tuent.

Le collectivisme, au contraire, en assurerait la rapide guérison, le rapide épanouissement.

C'est pour vous devancer dans le collectivisme intégral, dans l'unité d'action, c'est pour faciliter la lutte contre le capitalisme qui se reconstitue en Afrique afin de perpétrer ses méfaits en France que nous avons demandé aux Africains de se rassembler en un grand mouvement démocratique sans tenir compte des distinctions d'ordre territorial, ethnique ou religieux... » (18).

C'est précisément parce que le P.D.C.I. était l'allié du P.C.F. que les quatre autres partis le combattirent. Les dirigeants de ces partis étaient d'ailleurs presque tous des anciens militants du R.D.A. ayant quitté ce mouvement pour combattre le communisme. Le considérant comme une idéologie moscoutaire — thème que reprendra Houphouët-Boigny pour éliminer ses adversaires quand il sera parvenu au pouvoir — ils en venaient naturellement à considérer le P.D.C.I. comme un parti anti-français. Cette déclaration de N'Dia Koffi Blaise, un des leaders de l'Entente des Indépendants de la Côte-d'Ivoire (E.D.I.C.I.), résume bien la position de l'ensemble des quatre partis anti-communistes :

« ... Le virus communiste a été importé chez nous, des cadres africains ayant été formés à cet effet dans des institutions dites "Groupes d'Etudes Communistes"...

... Aujourd'hui, grâce à la vigilance de M. le gouverneur Péchoux, dont le nom ne saurait se séparer de celui de la Côte-d'Ivoire..., grâce à l'action conjuguée des partis anticommunistes, notamment des Indépendants qui groupent actuellement plus de 400 000 mem-

(18) *Bulletin de la Côte-d'Ivoire* du 13 mars 1947.

bres et plus de 500 000 sympathisants, notre pays a retrouvé un calme relatif... » (19).

Ces quatre partis, les plus réactionnaires qu'ait connu notre pays, combattaient le P.D.C.I. car il était allié au P.C.F. Et comme c'était le rôle de l'administration coloniale de combattre le communisme, elle s'allia à eux, les soutint ouvertement pendant qu'elle réprimait brutalement les militants du P.D.C.I. Certains auteurs affirment même qu'elle crée de toutes pièces le B.D.E. et l'E.D.I.C.I. En tout cas, au moment où Houphouët-Boigny proclamera la fin de l'alliance entre le P.D.C.I. et le P.C.F., ces partis cesseront d'exister, n'ayant plus de combat à mener.

Le problème de la collaboration avec l'administration coloniale n'est donc pas un problème agni. C'est un problème de parti. Il s'agit ici de partis qui ont eu une ligne de conduite douteuse, opportuniste et ultra-réactionnaire ; de partis dont les dirigeants se sont montrés prêts, dès le départ, à jouer le rôle de bourgeoisie compradore. C'est un problème politique et non un problème ethnique.

— Au moment de la grande répression qui s'abattit sur les militants R.D.A., les hommes politiques de Côte-d'Ivoire qui avaient soutenu les thèses de l'administration coloniale et bénéficié de sa bienfaisante « compréhension » étaient-ils tous Agni ? Non !

— Dignan Bailly Adrien, N'Diaye Guirandou, Gogoua Lambert (S.F.I.O.) étaient-ils Agni ? Non !

— N'Dia Koffi Blaise, Mansila Léopold, Vamé Doumouya, Touré Amidou (E.D.I.C.I.) étaient-ils Agni ? Non !

— Etienne Djaument (B.D.E.) était-il Agni ? Non !

— Antonin Dioulo était-il Agni ? Non !

Ces quatre partis se coalisèrent et réussirent à faire élire en 1951 Ségou Sanogo comme député à l'Assemblée nationale et Djédjé Capri comme président du Conseil général. Ces deux personnalités étaient-elles Agni ? Non !

Alors... Il est aisé de comprendre que si Kacou Aoulou et certains Ivoiriens se sont mis du côté de l'administration, cela n'a rien à voir avec leur appartenance ethnique.

---

(19) *La Côte-d'Ivoire* du 17 février 1951.

D'autre part, le P.D.C.I. est vraiment mal placé pour dénoncer la collaboration avec l'administration coloniale. De 1951 à 1960, Houphouët-Boigny et le P.D.C.I.-R.D.A. furent les plus fervents soutiens de l'administration coloniale en Côte-d'Ivoire. Même pendant la grande répression qui s'abattit sur les militants héroïques du P.D.C.I., Houphouët-Boigny eut un comportement curieux pour un chef de parti :

• Il ne jugea pas utile de se faire citer comme témoin à la barre de la Cour d'Assises pour témoigner en faveur de ses camarades détenus (20).

• Quelques semaines avant l'ouverture des procès des condamnés, le Comité directeur du P.D.C.I., sur la demande expresse de M. Houphouët, décida de retirer « *la défense des inculpés de Grand-Bassam au "collectif" des avocats communistes et progressistes* » (21).

Collaboration avec l'administration coloniale... Mais le P.D.C.I. oublie que pendant trois ans, de 1956 à 1959, Houphouët-Boigny a siégé au sein des gouvernements français successifs (qui sont les chefs de toutes les administrations coloniales locales) pendant que ceux-ci menaient une guerre coloniale rétrograde contre le peuple algérien.

Collaboration avec l'administration coloniale... Y a-t-il preuve plus éclatante de la collaboration avec l'impérialisme que de refuser pour son propre pays l'indépendance ? Qui a dit en 1956 ? : « *Une mystique d'indépendance parcourt et secoue notre monde contemporain, vous le savez. A cette mystique d'indépendance qui n'est pas toujours constructive, nous préférons la mystique de la fraternité* » (22). C'est Houphouët-Boigny, leader du P.D.C.I. et du R.D.A., ministre du gouvernement français.

Qui a dit en 1958 ? : « *La Côte-d'Ivoire a renoncé volontairement aux rêveries illusoires de l'Indépendance* » (23). C'est Auguste Denise, secrétaire général du

---

(20) « Les silences de M. Houphouët », par René ARTHAUD, in *Humanité* du 25 octobre 1951.

(21) *L'Observateur,* cité par *La Côte-d'Ivoire* du 20 octobre 1951.

(22) « Discours et allocutions prononcés par Monsieur le Ministre Houphouët-Boigny lors de son voyage en Côte-d'Ivoire », avril-mai 1956, p. 23.

(23) A. DENISE, « La Côte-d'Ivoire, un territoire qui a brûlé les étapes », in *L'Economie,* supplément au numéro 645.

P.D.C.I.-R.D.A., président du Conseil du gouvernement de Côte-d'Ivoire... Et l'on pourrait multiplier à l'infini les morceaux choisis de ce genre. Or ni Houphouët-Boigny, ni Auguste Denise (pour ne citer que ceux-là) ne sont Agni.

Non ! le problème de la collaboration avec l'occupant n'est pas un problème ethnique. Tous les pays colonisés l'ont connu. Les pays européens aussi lors de la Seconde Guerre mondiale. Nous ne pouvons accepter que l'opprobe soit injustement jeté sur une ethnie entière. Nous ne pouvons accepter que, pour une faute commise par un individu ou un groupe d'individus, et *quelque soit la faute,* toute l'ethnie dont ils sont issus soit publiquement indexée par le pouvoir dont la vocation est d'être rassembleur. Nous ne pouvons accepter que toute une ethnie soit mise au ban de la communauté nationale.

• Ensuite le P.D.C.I. dévalue totalement le problème de l'intégrité nationale ainsi posé en se lançant dans des insultes personnelles, basses, ridicules, grossières et grotesques.

Le premier tir vint de Amadou Bocum, secrétaire d'Etat à l'Information. Le 3 juin 1959, faisant pour la presse une mise au point à l'issue de la réunion du Conseil de Cabinet, il déclare, dans le but évident d'humilier le monarque sanwi :

> *« ... Ce fut ensuite un petit employé de commerce de Dimbokro, le "roi" actuel, sans aucune instruction, que cette élite d'Aboisso installa au pouvoir... Il ne possédait rien, même pas une bicyclette... »* (24).

Le second tir vint d'Houphouët-Boigny lui-même. En mars 1966, il organise une grande réunion publique pour entendre la « confession » des sécessionnistes du Sanwi. A cette réunion assistait également une délégation du nouveau gouvernement ghanéen. La parole fut passée aux différents membres du « *gouvernement sanwi en exil* ». Quand ce fut au tour de Elingan Fato de prendre la parole, Houphouët-Boigny déclara à l'adresse de l'assistance : « *Vous savez qu'il a été renvoyé de Ponty, dès la première année. Il était incapable. Il a été chassé de Ponty. C'est lui le ministre des Finances* » (25).

Citons enfin Nanlo Bamba qui, lors du meeting du

---

(24) *Fraternité* du 12 juin 1959, p. 2.
(25) *Fraternité* du 18 mars 1966, p. 7.

28 décembre 1969 à Aboisso, traita les sécessionnistes de « *petits intellectuels* » (26). Cela nous fait venir à l'esprit des propos plus anciens. En effet dans un débat public qui l'opposait à Ségou Sanogo, député de la Côte-d'Ivoire, adversaire du P.D.C.I., Houphouët n'hésita pas à écrire en mai 1952 : « *M. Ségou Sanogo n'a pas, que nous sachions, la moindre concession bâtie à Abidjan ! Est-il même propriétaire du lit sur lequel il couche ?* » (27).

Quelques mois après, intervenant dans le débat qui l'opposait à Gabriel d'Arboussier à propos du désapparentement entre le R.D.A. et le P.C.F., le même Houphouët n'hésita pas à traiter son interlocuteur de... bâtard !!! (28).

Oh ! Je ne ferai aucun commentaire sur ces propos orduriers. Je les ai rappelés pour que l'on connaisse les mœurs politiques des dirigeants du P.D.C.I. ; pour que l'on voie, en ce qui concerne plus précisément le problème du Sanwi, la conception que les dirigeants du P.D.C.I. ont de la défense de l'intégrité nationale et de la justice républicaine.

• Enfin, le P.D.C.I. met au point une technique judiciaire nouvelle. Décrivant avec force détails les préparatifs de la dernière tentative de sécession du Sanwi (novembre 1969), l'organe du parti indique, pour bien souligner la matérialité du délit politique, que les séparatistes ont fabriqué un drapeau. Or, ne craignant pas de se contredire, le même article ajoute, quelques lignes plus loin :

> « *Le ministre Nanlo Bamba a tenu à dissocier le cas des paysans de celui des quelques "petits intellectuels" qui se sont mis à leur tête. Les premiers ont été victimes des seconds, qui seront poursuivis, dit-il, non pas pour complot "car il n'y a plus de complot en Côte-d'Ivoire" mais pour escroquerie.*
>
> *C'est sous ce chef d'accusation que sera jugé également Ehounou Bilé, s'il est pris et il le sera certainement.*
>
> Malgré son apparence politique, cette affaire n'est en réalité qu'une vaste escroquerie, comme nous allons le voir (29). *Ehounou Bilé, des documents saisis l'attestent, avait reçu la somme de 100 000 dollars de certains "révolutionnaires" irréductibles, malgré leurs échecs*

---

(26) *Fraternité* du 20 janvier 1970, p. 5.
(27) *La Côte-d'Ivoire*, n° 465, du mercredi 7 mai 1952.
(28) *La Côte-d'Ivoire*, numéro spécial du jeudi 31 juillet 1952.
(29) Souligné par moi (L.G.).

répétés. Ces fonds dilapidés, il lui fallut en trouver d'autres. C'est pourquoi le bain dans le marigot censé procurer l'invulnérabilité revenait à 2 500 F. Quant à la tunique anti-balles, elle coûtait 50 000 F. L'argent, ainsi frauduleusement extorqué aux paysans, s'en allait assurer une vie luxueuse au révolutionnaire Ehounou Bilé » (30).

Le délit politique est ainsi disqualifié en délit de droit commun. C'est une technique devenue désormais classique dans toutes les affaires politiques. Ses objectifs sont multiples :

— aux yeux de l'opinion publique ivoirienne, salir les opposants politiques en les faisant passer pour des voyous ;

— éluder dans l'opinion tout débat politique et provoquer la réprobation de la population ivoirienne sur de monstrueuses escroqueries ;

— humilier les opposants politiques ;

— justifier une dégradation de leurs conditions de détention car des prisonniers politiques devraient avoir droit à quelques égards ;

— empêcher la communauté internationale de s'émouvoir ; éviter l'intervention de certaines organisations humanitaires, car personne n'est détenu pour délit d'opinion, tout le monde l'étant pour escroquerie ou assassinat.

Telles furent les réponses du P.D.C.I. à la tentative de sécession de la monarchie du Sanwi. Nous attendions une politique, on nous servit des combines. Combine douteuse que celle qui consiste à vouloir jeter l'opprobe sur une ethnie entière alors qu'elle est innocente. Combine douteuse que celle qui consiste à vouloir faire passer les hommes politiques pour des criminels de droit commun.

L'affaire Gnagbé et les massacres de Gagnoa

Les derniers mois de l'année 1967, Abidjan était en pleine ébullition : des tracts, distribués à travers la ville, annonçaient la création d'un parti d'opposition dénommé

(30) *Fraternité* du 20 février 1970.

« Parti nationaliste » ou « PANA ». Ils étaient signés de Kraghé Gnagbé dit Opadjlé. Evidemment Gnagbé fut immédiatement arrêté et mis en prison. Vouloir créer un parti d'opposition ? Quel crime abominable ! Voici comment le P.D.C.I. tenta de justifier l'arrestation de cet homme :

> « *Il répandit des tracts sur le prétendu "PANA", proférant injures et calomnies démagogiques sur la Côte-d'Ivoire et son gouvernement.* Puis, sans attendre, comme le stipule notre Constitution, l'autorisation légale de créer un parti (31) — *pour lequel il n'obtiendra d'ailleurs aucun concours sérieux — il se mit à placer auprès de quelques vingt et un naïfs de ses compatriotes des cartes d'adhésion à l'imaginaire "PANA". Il fut donc arrêté pour escroquerie et tentative de trouble de l'ordre public* » (32).

Et voilà ! Les responsables du P.D.C.I. savent bien que la création du PANA est conforme à la Constitution puisque celle-ci stipule en son article 7 : « *Les partis et groupements politiques concourent à l'expression du suffrage. Ils se forment et exercent leur activité librement sous la condition de respecter les principes de la souveraineté nationale et de la démocratie, et les lois de la République.* »

Pour frapper l'opinion publique qui ne connaît pas forcément tous les articles de la Constitution, il a donc fallu inventer une faute anticonstitutionnelle pour justifier l'arrestation de Gnagbé : le président du PANA se serait mis hors la loi en n'attendant pas une autorisation légale de créer son parti. Or aucun article de la Constitution n'impose aux Ivoiriens d'attendre cette autorisation. D'autre part, comme dans l'affaire Sanwi, le P.D.C.I. traduit le fait politique de créer un parti en délit de droit commun : escroquerie et trouble de l'ordre public. Mais il y a plus grave.

Un Conseil national du P.D.C.I., convoqué et présidé par Houphouët-Boigny se tient au palais présidentiel, mardi 19 décembre 1967, de 11 h à 16 h. Le point unique à l'ordre du jour est l'affaire Gnagbé. Tout est alors mis en œuvre pour humilier, rabaisser et saper le moral du pauvre homme.. Il est tour à tour présenté comme un

---

(31) Souligné par moi (L.G.).
(32) *Fraternité-Matin*, n° 920, du vendredi 22 décembre 1967.

homme pittoresque, un dément, un homme « *toujours plus préoccupé par une soif effrénée d'argent* », un homme incohérent qui, tout en sollicitant « *une place politique* » d'Houphouët-Boigny, entretenait des correspondances avec Moscou, Pékin, le Ghana de N'Krumah et la Guinée de Sékou Touré, attaquant « *Le Vatican et les Etats-Unis et tous les Occidentaux* » (33).

Après ce torrent d'injures déversées sur le malheureux, le Conseil national du P.D.C.I. conclut que Gnagbé est fou et qu'il faut l'enfermer dans un asile psychiatrique !!!

Laurent Dona-Fologo, rédacteur en chef de *Fraternité-Matin,* aujourd'hui ministre de la Jeunesse, de l'Education populaire et des Sports, et membre du Comité exécutif du P.D.C.I., signe un long article intitulé « *L'affaire Gnagbé ou l'aventure d'un pittoresque mégalomane* » (34). Dans un sous-chapitre éloquemment intitulé « *Bon pour un asile d'aliénés* », il note : « *Le Conseil national jugea d'ailleurs inutile de s'attarder sur un individu dont le cas relève plus de la folie que de la révolte véritable. Chacun souhaite plutôt qu'il fut conduit dans un asile d'aliénés pour être traité par quelque spécialiste en psychiatrie* » (35).

Et avec ça, le P.D.C.I. ose critiquer le totalitarisme et le Goulag ! C'est à croire que ce parti ne se regarde jamais. Vraiment, le ridicule ne tue pas. Gnagbé a-t-il *effectivement* séjourné à l'hôpital psychiatrique de Bingerville ? Beaucoup de personnes l'affirment à Abidjan. Pour ma part, je n'ai pas réussi à vérifier la matérialité de ce fait. Ce qui est sûr, c'est que quelque temps après, il est assigné à résidence dans son village de Gaba, dans la sous-préfecture de Gagnoa et le département du même nom, en plein pays bété. Là il entreprend de mobiliser les gens, de recréer son parti. Le terrain est d'autant plus propice que se pose dans le centre-ouest (dont fait partie Gagnoa) et l'ouest de la Côte-d'Ivoire, un problème foncier nouveau et important. En effet, quand fut créé le barrage de Kossou, près de Yamoussoukro, les eaux de cette retenue engloutirent beaucoup de villages. Les paysans de la région ainsi soustraite à l'agriculture furent indemnisés par le gouvernement qui leur demanda d'aller

---

(33) *Fraternité-Matin,* n° 920, du vendredi 22 décembre 1967.
(34) *Idem.*
(35) *Idem.*

s'installer dans les zones forestières. Beaucoup d'entre eux s'en allèrent dans le centre-ouest et l'ouest, mais leur insertion, généralement appuyée par l'administration en dehors des canaux traditionnels de distribution du patrimoine foncier, n'alla pas sans problèmes et aujourd'hui encore, on assiste périodiquement à des rixes sanglantes sur ce problème. Aussi les paysans de Gaba furent-ils heureux de suivre un de leurs fils qui les écoutait et était prêt à les appuyer. Agitation politique de Gnagbé. Problèmes fonciers dans la région de Gagnoa. La conjugaison de ces deux phénomènes allait conduire le P.D.C.I. à souiller définitivement à nos yeux le peu d'honneur qui pouvait encore lui rester après les crimes de 1963.

Que se passa-t-il exactement ce matin du 26 octobre 1970 où tout allait basculer ? Le gouvernement et ses plumitifs parlent d'une marche sur la ville de Gagnoa (36). Baoulé Taboua parle, lui, d'une provocation de la part du préfet de Gagnoa, Léon Koffi (37), aujourd'hui membre du Bureau politique du P.D.C.I. et ministre de l'Intérieur. Ce qui est certain, c'est que, sur fond de problème foncier, il y eut un affrontement, ce 26 octobre au matin, entre les forces de l'ordre et un groupe de partisans de Gnagbé. Dans cet affrontement, un policier nommé Koffi aurait trouvé la mort. Baoulé Taboua dit que les gendarmes auraient tiré les premiers et abattu treize partisans de Gnagbé ; ceux-ci auraient riposté en tuant dix gendarmes. Le 27 octobre, Gnagbé fait distribuer des tracts. Dans l'un d'eux il promulgue la « *loi organique de l'Etat d'Eburnie* » (38) ; dans un autre il lance un appel à la grève générale sur toute l'étendue du territoire. Il ne fallait pas plus pour qu'Houphouët-Boigny, chef des Armées, donne le signal de l'attaque. L'armée ivoirienne est mise sur pied de guerre et elle afflue sur Gagnoa venant de Daloa, de Bouaké et d'Abidjan. Dans la nuit du 27 au 28 octobre 1970, la région de Gagnoa est

---

(36) Siriex, *Houphouët...*, p. 260.

(37) Baoulé K. Taboua, « Côte-d'Ivoire : Les massacres de Gagnoa » (octobre 1970), in *Partisans*, n° 58, de mars-avril 1971, pp. 52 à 166.

(38) *Eburnie* est un mot qui fut souvent utilisé par le passé pour désigner la Côte-d'Ivoire ; il vient du mot latin servant à désigner l'ivoire (ebur, eboris : ivoire ; eburneus, a, um : d'ivoire, en ivoire). On eut ainsi le *Bloc Démocratique Eburnéen* (parti d'Etienne Djaument, voir *supra*), la revue *Études Eburnéennes*, le mensuel *Éburnea*, etc. Aujourd'hui ce vocable est pratiquement tombé en désuétude.

bouclée et le plus grand massacre de l'histoire de la Côte-d'Ivoire « indépendante » commence. Beaucoup de personnes affirment que des militaires français ont participé au massacre. Baoulé Taboua, qui écrit en janvier 1971, soit trois mois seulement après les massacres, appuie la thèse de la participation d'unités françaises en écrivant notamment :

> « *... la base française, le 4e R.I.A.O.M. de Port-Bouet, est alertée. La descente se fait en quelques heures, vers une heure du matin l'armée occupe Gagnoa...*
> *... 200 parachutistes français arrivent du 3e R.I.A.O.M., de Dakar, au dire d'un soldat. L'armée française coupe les routes sur la frontière de Guinée (qui, croyait-on, pourrait prêter main-forte aux rebelles) et du Libéria, ainsi que celles d'Abidjan, Bouaflé et Daloa...* » (39).

Pour ma part, je n'ai pas pour l'instant en ma possession de preuves irréfutables pour confirmer ou infirmer une telle information. Pendant les vingt-deux mois que j'ai passé dans les camps militaires lors de ma dernière détention (mars 1971-janvier 1973 ; sept mois à Séguila et quinze mois à Bouaké), j'ai risqué quelques questions sur la participation française. Pendant que certains hommes de troupe m'affirmaient qu'ils avaient vu des Français opérer lors des massacres de Gagnoa, les officiers que j'ai eu à interroger restaient très discrets sur ce sujet.

La boucherie a duré environ deux semaines. Combien de personnes furent tuées à Gagnoa ? Selon certains dirigeants du P.D.C.I. qui ont assisté à la réunion du Conseil national du 3 novembre 1970, Houphouët aurait lui-même avancé l'estimation de 4 000 morts. Pour sa part, Baoulé Taboua donne le chiffre de 3 000 morts (40). D'après le témoignage que j'ai reçu des soldats eux-mêmes, des villages entiers furent brûlés ou rasés, des femmes et des filles violées ; les cases furent systématiquement pillées par des soldats avides et surexcités... Pour ce qui est de l'enterrement, tous les témoignages concordent : les morts furent enterrés dans des fosses communes. Voici la description qu'en fait Baoulé Taboua :

---

(39) « Les massacres de Gagnoa », in *Partisans*, n° 58, de mars-avril 1971.
(40) *Idem.*

« Après le massacre, le ratissage et la "pacification", cinq fosses communes furent creusées à la lisière de chaque village. Le service des T.P. de Gagnoa envoya des caterpillars entre le 28 octobre et le 4 novembre : on commença à enterrer les corps déjà en décomposition. L'enterrement a lieu à minuit : les plateaux des caterpillars poussent les corps dans les fosses et on les recouvre de terre. Ensuite le ministre de la Santé publique envoya de la poudre D.T.T. pour recouvrir les tombes de manière à éviter une épidémie » (41).

Pour ce qui est des arrestations, je ne peux avancer aucun chiffre. Tout ce que je puis affirmer avec certitude, c'est qu'il y avait tellement de personnes arrêtées qu'on a dû transformer le stade de football en prison provisoire. Après avoir subi des aménagements, cet ancien stade est devenu définitivement la prison de Gagnoa et aujourd'hui encore, ceux qui passent par là peuvent lire sur la façade d'entrée de la prison civile de cette localité une inscription que le temps n'a pas achevé d'effacer : « Stade municipal ».

Mais qu'est devenu Gnagbé dans toute cette affaire ? Il fut arrêté, ligoté aux poignets et traîné dans tous les villages aux alentours de Gagnoa. Dans chaque village, les chefs militaires qui dirigeaient cette opération macabre, Gaston Ouasséna (aujourd'hui général et ministre de la Sécurité intérieure) et Oulaï (colonel à la retraite) ainsi que les responsables locaux du P.D.C.I. invitaient la population à battre Gnagbé, à le conspuer et à lui cracher dessus. Après quoi les soldats d'Houphouët emportèrent Gnagbé et l'assassinèrent tranquillement dans un coin de brousse. Depuis novembre 1970, plus personne ne l'a revu.

Alors que Gagnoa n'avait pas fini de pleurer ses morts, Yacé y débarque le lundi 23 novembre pour tenir une réunion au cours de laquelle il s'en prend à l'ensemble de l'ethnie bété. Dans le compte rendu squelettique de cette réunion, publié par *Fraternité-Hebdo,* on peut lire en effet :

« Prenant le premier la parole, le président Yacé invita les Bété à exposer clairement ce qu'ils pouvaient estimer devoir reprocher au parti et au gouvernement.

---

(41) « Les massacres de Gagnoa... », in *Partisans,* n° 58, de mars-avril 1971.

Faisant un bref historique du R.D.A., de l'action politique du président Houphouët-Boigny, il montra que le chef de l'État n'avait jamais discriminé les Bété ; qu'en 1946, lorsqu'il envoyait les premiers étudiants ivoiriens en France il ne se préoccupa pas de privilégier telle ou telle ethnie ; qu'en conséquence de cela, le pays Bété compte de nombreux diplômés ayant achevé de bonnes études. Il n'a empêché qu'en 1957 déjà, les Bété ont fomenté dans cette même région des troubles injustifiables, et qu'il se soit encore trouvé, en octobre 1970, des éléments Bété pour suivre Kragbé Gnagbé.

En conclusion, le président Yacé invita les notables présents à parler franchement, à dire en quoi les Bété s'estiment lésés, en quoi ils se croient fondés à saboter l'unité de la nation » (42).

Après le passage de Yacé, le P.D.C.I. tente quelques opérations d'apaisement. D'abord Joseph Yalé, jeune pharmacien originaire du canton Guebié, comme Gnagbé, est nommé député. Ensuite on entreprend de libérer un certain nombre de détenus : les malades, ceux qui ne savent pas pourquoi ils ont été arrêtés (c'est le plus grand nombre) ; de sorte qu'à l'ouverture du « procès » de l'affaire Gnagbé le mardi 25 juin 1974 à Gagnoa, ne comparaissent que 191 personnes (43). De quoi sont-elles accusées ? « *Assassinats, meurtres, séquestration arbitraire, coups et blessures volontaires, prêt et détention illégaux de fusils de chasse, vol de munitions, etc.* » (44).

Comme autre caractéristique de ce procès, « *tous les avocats ivoiriens sont commis d'office pour assurer la défense des accusés* » (45).

Comme nous le voyons, le P.D.C.I. a repris dans l'affaire Gnagbé les même procédés déjà utilisés dans l'affaire du Sanwi : insultes triviales, opprobe jeté sur une ethnie entière, disqualification d'un fait politique majeur. Sur ces procédés, notre réponse est claire et connue : nous n'accepterons jamais qu'une ethnie de Côte-d'Ivoire soit mise au ban de la communauté nationale ; nous laissons à ceux qui sont dépourvus d'arguments politiques le soin de proférer des insultes grotesques ; les maquillages judiciaires ne peuvent tenir lieu de politique nationale.

---

(42) *Fraternité-Hebdo* du 27 novembre 1970.
(43) *Fraternité-Matin* du 24 juin 1974.
(44) *Idem.*
(45) *Idem.*

Mais l'affaire Gnagbé appelle des questions d'une autre nature.

• Tout a commencé en 1967 lorsque Gnagbé a rendu publique à Abidjan, l'existence de son « parti nationaliste », le PANA. On est libre de penser ce qu'on veut du PANA et du contenu des tracts de Gnagbé. Mes camarades et moi avons eu à l'époque d'ailleurs des propos peu amènes sur le contenu. Mais la question de principe qui est posée est la suivante : *pourquoi le P.D.C.I. n'a-t-il pas laissé exister ce parti, conformément à l'article 7 de la Constitution ?* Car personne n'est dupe. Si le P.D.C.I. avait respecté la Constitution qu'il a lui-même produite en laissant vivre le PANA, ce même P.D.C.I. n'aurait pas, trois ans plus tard, fait massacrer 4 000 paysans à Gagnoa. Comment peut-on reconnaître aux citoyens des droits et les réprimer sauvagement lorsqu'ils veulent jouir de ces droits ?

• L'histoire nous dira certainement un jour pourquoi Houphouët a fait intervenir l'armée à Gagnoa, et surtout pourquoi il a fait tirer. Mais en tout cas le peuple de Côte-d'Ivoire se souviendra longtemps de ces jours d'indignité et de honte. Que voulait prouver Houphouët ? Pour faire une guerre il faut qu'il y ait au moins deux armées qui s'affrontent. Face à l'armée ivoirienne, qui y avait-il ? Quelques villageois dont les plus armés ne pouvaient avoir que des fusils de chasse. Y avait-il plus de trente fusils de chasse dans cette région ? Est-il même prouvé que l'ensemble des paysans de la région de Guébié était en rébellion contre l'autorité ?!! Et c'est à ces paysans désarmés qu'on opposa plusieurs compagnies de l'armée ivoirienne, soutenues peut-être par l'armée française, avec ses fusils semi-automatiques, ses pistolets automatiques, ses pistolets mitrailleurs, ses armes automatiques et ses grenades ! Qu'a-t-on voulu prouver ? Pourquoi les institutions de la République n'ont-elles pas joué leur rôle ? Pourquoi a-t-on choisi la voie de la facilité, celle de l'assassinat collectif qui nous laisse le souvenir amer de 4 000 paysans enterrés dans des fosses communes ? Je refuse de prendre en compte l'argumentation de certains Abidjanais selon laquelle Houphouët croyait à un soulèvement armé et qu'il a été pris de panique. On ne gouverne pas un pays avec la panique ; on gouverne avec une juste appréciation de chaque situation. Mais sur ce point aussi l'histoire nous donnera peut-être un jour des réponses précises...

Complot des jeunes officiers ou complot contre les jeunes officiers ?

En juin 1973, une vague de rumeurs envahit la Côte-d'Ivoire : un coup d'Etat militaire aurait été déjoué par les autorités ivoiriennes et les conjurés arrêtés. Le 28 juin l'Assemblée nationale adopte précipitamment une loi portant création d'un Tribunal militaire spécial « *chargé de la répression des crimes et délits contre la Sûreté de l'Etat ainsi que des crimes connexes commis par les militaires et assimilés* » (46). Le même jour se réunit un Conseil national du P.D.C.I. pour entendre le chef de l'Etat donner sa version des faits au parti : « *De jeunes officiers de l'Armée ivoirienne : cinq capitaines et sept lieutenants, avaient projeté, depuis plus de trois ans de renverser par la force le régime du président Houphouët-Boigny* » (47).

Le communiqué continue en précisant que les conjurés devaient faire leur coup le 7 août à Dimbokro, à l'occasion de la célébration de la fête nationale dans cette ville ; que pour assurer le succès de son entreprise, le chef de la conjuration, Sio Koulahou, avait immolé cinq hommes sur son fétiche, qu'à la suite de ce crime, Sio avait été arrêté et emprisonné. Et le communiqué de poursuivre :

> « *Celui-ci* (*Sio Koulahou*) *eut l'imprudence d'écrire, de sa cellule militaire, à sa femme, lui demandant de faire disparaître les documents compromettants et de faire empoisonner, au besoin avec l'aide des fétiches, les témoins de l'affaire, notamment le colonel commandant le bataillon de Bouaké et ceux qui avaient procédé à son arrestation.*
>
> *Une perquisition à son domicile permit de découvrir les documents contenus dans les malettes du capitaine Sio. Ces documents devaient révéler les réunions successives tenues par le capitaine Sio et ses complices et dévoiler le plan d'exécution du crime crapuleux qu'ils se proposaient d'accomplir : il s'agissait notamment de supprimer les dirigeants du pays aussi bien militaires que civils* » (48).

(46) Loi n° 73.293 du 28 juin 1973.
(47) *Fraternité-Matin*, n° 2588, du vendredi 29 juin 1973, p. 1.
(48) *Fraternité-Matin* du vendredi 29 juin 1973, p. 1.

Le mercredi 4 juillet 1973, Houphouët-Boigny arrive à Paris. A des journalistes qui l'interrogent, à l'aéroport du Bourget, sur la situation intérieur du pays, il répond : « *Mon pays est calme. La situation intérieure n'a jamais été troublée. On parle de complot avorté, il ne peut y avoir d'avortement sans grossesse...* » (49).

Or ce même mercredi, les membres du Tribunal militaire spécial avaient prêté serment devant lui avant qu'il ne s'envole pour Paris (50). Ici encore apparaît le double langage d'Houphouët : réprimer sévèrement à l'intérieur en mettant sur pied une juridiction d'exception qui va prononcer de lourdes peines (dont quatre ou cinq condamnations à mort) et proclamer à l'extérieur qu'il ne se passe rien de grave.

Les douze officiers condamnés furent enfermés dans la prison de Dimbokro (51). Quelques années plus tard ils furent libérés, sauf Sio qui est encore en prison à l'heure où j'écris ces lignes. *Mais libérés, les jeunes officiers ne retrouvèrent jamais leur place au sein de l'armée.* En juin 1980, Houphouët proclama qu'il n'y avait jamais eu de tentative de coup d'Etat et il expliqua que le capitaine Sio s'était seulement rendu coupable d'un délit de droit commun (52).

Cette affaire, dont nous ne savons pas encore toutes les implications, appelle au moins trois constats :

— Les officiers arrêtés étaient tous jeunes, de trente à quarante-cinq ans ;

— contrairement aux vieux officiers qui avaient la haute main sur l'armée ivoirienne, issue de l'armée française sans grande formation et flanqués de hauts grades « pour les nécessités de service », les jeunes officiers arrêtés en 1973 avaient une bonne formation générale et une solide formation militaire [des écoles françaises] ;

— enfin, et ce n'est pas rien, on les disait très populaires auprès de la troupe.

On peut donc se poser la question suivante : instruit par les coups d'Etat du Mali et du Bénin, Houphouët

---

(49) *Fraternité-Matin* du jeudi 5 juillet 1973.

(50) *Idem.*

(51) Cette prison de Dimbokro fut rendue célèbre par les « complots de 1963 » ; en effet beaucoup de détenus y séjournèrent avant d'être conduits à Yamoussoukro.

(52) *Fraternité-Matin* du vendredi 13 juin 1980.

n'a-t-il pas pris les devants en fabriquant un « complot militaire » — comme il le fit avec succès pour les civils — pour débarrasser « son armée » de jeunes gens qui avaient le tort d'allier la compétence à la popularité, et que leurs chefs décrivaient volontiers comme grognons ?

Pour en finir avec les complots militaires, signalons très rapidement « l'affaire Oulaï ». Vers la fin du premier semestre 1980, Abidjan s'emplit à nouveau de rumeurs : on racontait qu'un coup d'Etat militaire, préparé par le lieutenant de police Oulaï Zoumama, venait d'être déjoué. Le chef de l'Etat devait faire le point sur cette affaire au cours du Conseil national du P.D.C.I. réuni le jeudi 12 juin 1980 ; voici le compte rendu de *Fraternité-Matin* :

> « *En fait d'affaire, le cas Oulaï qu'ont alimenté les amateurs de nouvelles à sensation n'est qu'un banal fait divers, ni plus ni moins.*
>
> *En effet, à la veille d'être arrêté pour malversation, Oulaï a cru devoir tromper ses compatriotes en leur disant qu'il était à la tête d'un complot pouvant renverser le gouvernement. Il ne s'est adressé qu'à ses seuls compatriotes qui l'ont éconduit et dénoncé. Tous les cadres de sa région, civils et militaires, par des motions au président de la République, ont condamné le dessein criminel de Oulaï et renouvelé par d'autres motions, leur sentiment de fidèle attachement au chef de l'Etat, au parti et aux structures du gouvernement.*
>
> *Oulaï sera donc jugé pour malversation par le Tribunal militaire, vu que désormais, les policiers, comme les militaires, sont justiciables devant ce Tribunal.*
>
> *A la vérité, Oulaï était tout seul. Et tout seul, on ne peut faire un coup d'Etat* » (53).

Le 22 juillet 1980, Oulaï est condamné à trois ans de prison ferme (54). On en était là quand vers la fin de l'année 1981, j'appris par quelques indiscrétions qu'en réalité mon nom avait été mêlé à l'affaire Oulaï mais que l'instruction n'avait pas jugé utile de m'entendre parce que, de toute évidence, je n'étais pas concerné, l'inculpé lui-même ayant avoué qu'il ne m'avait jamais contacté. Je cherchai donc à en savoir plus. C'est ainsi que je réussis à obtenir la copie d'une lettre datée du 25 avril 1980, écrite par le capitaine Sanné-Tia de la

---

(53) *Fraternité-Matin* du 13 juin 1980, p. 19.
(54) *Fraternité-Matin* du 23 juillet 1980, p. 1.

Gendarmerie nationale. Cette lettre, qui en fait est le compte rendu de la rencontre qui aurait eu lieu entre le capitaine Sanné-Tia et le lieutenant Oulaï Zoumana me cite en effet comme « appui populaire » probable à la rébellion ; mais surtout, elle me fait l'outrage de citer mon nom à côté de celui de Konan Bédié.

Répression contre les étudiants et embrigadement de la jeunesse étudiante

Des arrestations d'étudiants, il y en eut tellement que je ne pourrai pas parler de toutes. Pour donner une idée de leur fréquence, je me suis amusé à en dresser un tableau :

— 1967 : arrestation des étudiants à la suite d'une marche de protestation contre la création du M.E.O.-C.A.M. (Mouvement des Etudiants de l'O.C.A.M.) (56) ;

— 1968 : après la dissolution de l'Union Nationale des Elèves et Etudiants de Côte-d'Ivoire (U.N.E.E.C.I.), 18 étudiants soupçonnés de faire partie du « Comité de Coordination » de l'U.N.E.E.C.I. en France, sont arrêtés. En effet le P.D.C.I. ne voulait pas qu'il y ait une structure de coordination au niveau des sous-sections françaises, une telle structure équivalant à ses yeux à un parti politique en exil ; ces 18 étudiants sont envoyés à l'Armée, certains pour cinq ou six mois, d'autres pour deux ans ;

— 1969 : arrestation d'étudiants à la suite d'une grève de protestation contre la création du Mouvement des

---

(55) L'O.C.A.M. (Organisation Commune Africaine et Malgache), aujourd'hui pratiquement tombée dans l'oubli, est une organisation politique créée à Nouakchott (Mauritanie) en février 1965 par la Mauritanie, le Sénégal, la Côte-d'Ivoire, le Dahomey, la Haute-Volta, le Togo, Madagascar, le Niger, le Tchad, le Congo-Brazza, le Cameroun, le Gabon, la Centrafrique, le Rwanda. Appuyée à fond par l'Elysée, cette organisation fut dénoncée à plusieurs reprises comme étant le relais de l'impérialisme français en Afrique noire. En novembre 1966, l'O.C.A.M., sous l'impulsion d'Houphouët-Boigny, crée le Mouvement des Etudiants de l'O.C.A.M. (M.E.O.C.A.M.), dont l'objectif principal est de contrer la F.E.A.N.F. (Fédération des Etudiants d'Afrique Noire en France), jugée trop subversive par les autorités ivoiriennes.

Etudiants et Elèves de Côte-d'Ivoire (M.E.E.C.I.), mouvement inféodé au parti unique ;

— 1971 : arrestation d'étudiants et élèves ayant créé l'Union Syndicale des Elèves et Etudiants de Côte-d'Ivoire (U.S.E.E.C.I.), syndicat indépendant du parti. Quel crime ! Ce syndicat est dissout et ses leaders sont envoyés au camp militaire de Séguéla pour sept mois ;

— 1977 : au cours des examens de fin de premier semestre, certains étudiants de la Fac de Sciences économiques trichent ; ils sont pris et déférés devant le Conseil d'Université qui prend des sanctions disproportionnées (jusqu'à cinq ans d'exclusion de l'Université). Immédiatement, les étudiants de cette faculté se mettent en grève ; rapidement elle s'étend à toute l'université, aux Grandes Ecoles et à l'ensemble des établissements d'enseignement secondaire. Environ 700 étudiants sont arrêtés et répartis entre le Camp militaire d'Akouédo et le Camp de Gendarmerie d'Agban. Ils sont libérés trois semaines plus tard et les sanctions levées. Signalons pour la petite histoire que le ministre de la Sécurité intérieure, le colonel de Gendarmerie Gaston Ouassana Koné, fit tellement de zèle pour mater cette grève que dans les semaines qui suivirent le retour au calme, il fut élevé au grade de général. Un moyen comme un autre pour gagner des galons !

Il y eut tellement d'étudiants qui passèrent par le Camp militaire d'Akouédo, qu'aujourd'hui beaucoup de cadres ivoiriens se reconnaissent par les signalements suivants : Akouédo 1, Akouédo 2, Akouédo 3, etc.

Je ne pourrai évidemment pas parler de ces « Akouédo ». J'ai donc choisi de parler de celui qui me sembla le plus significatif par ses implications politiques : l'« Akouédo » de mai 1969.

Bien que n'étant pas organiquement liée au P.D.C.I., l'U.N.E.E.C.I. était bien tenue en main par un petit groupe d'étudiants « houphouétistes ». Elle recevait du gouvernement une subvention annuelle de 15 000 000 F CFA (300 000 FF), sans compter d'autres plus ponctuelles, notamment pour préparer les congrès annuels ou organiser des manifestations diverses. Le premier président de l'U.N.E.E.C.I. (après le congrès de juillet 1964) fut Koffi Konan Antoine, aujourd'hui ambassadeur de Côte-d'Ivoire au Cameroun. Il fut remplacé par Yébouet Lazare, aujourd'hui directeur général de la Banque nationale de l'Epargne pour la construction (B.N.E.C.), société d'Etat jusqu'en juin 1980, banque privée depuis cette date.

Tout continua ainsi jusqu'au Congrès de 1967 au Centre culturel de Treichville. Le Congrès fut dominé par deux événements majeurs :

— ayant fait une marche de protestation contre la création du M.E.O.C.A.M., plus de cent étudiants de la jeune Université d'Abidjan avaient été arrêtés, conduits à Akouédo et battus. L'Université avait été fermée et complètement bouclée par l'armée. Les étudiants d'Abidjan qui d'habitude assuraient l'élection des candidats « houphouétistes » ne comprirent pas une telle brutalité et ne la pardonnèrent pas au pouvoir. C'était la rupture. Ils étaient d'autant plus furieux que le P.D.C.I. et les *responsables de l'U.N.E.C.I.* proclamaient que cette marche était commanditée de l'extérieur et que son objectif inavoué était de protester, un an après, contre la chute de Kwamé N'Krumah ; ils comprirent alors que le rôle de la direction de l'U.N.E.C.I. n'était pas de les défendre auprès des autorités mais de soutenir les autorités du P.D.C.I. contre eux ;

— au cours de ce Congrès, un débat houleux s'engagea autour de l'utilisation des fonds alloués au Syndicat par le gouvernement. Au terme de ce débat, les congressistes eurent la conviction que la direction avait dilapidé *au moins* 3 000 000 F CFA (60 000 FF) mis à la disposition du Comité exécutifs de l'U.N.E.E.C.I. par le ministère de l'Education nationale pour la préparation du Congrès. Fort de cette conviction, le Congrès adopta une résolution écartant, pour l'avenir, de tout poste de responsabilité au sein du syndicat l'ensemble des membres du Comité exécutif.

Cette résolution n'était pas seulement technique. Elle avait une portée politique indéniable, même si elle fut avant tout l'expression du rejet d'une certaine forme de gestion du mouvement étudiant. En effet, très peu nombreux, les étudiants houphouétistes avaient commis l'erreur de se regrouper tous au sein du Comité exécutif. Une telle résolution les rejetait donc en bloc.

Le Congrès porta à la direction du Syndicat Koné Tiémoko, président de la section U.N.E.C.I. de l'Ecole Normale Supérieure, qui s'était montré très courageux au moment des arrestations. Ni ouvertement houphouétiste, ni ouvertement anti-houphouétiste, il avait plus l'allure d'un « vieux sage » que d'un fonceur. Le régime s'en accommoda. Au Congrès de juillet 1968, les trois candidats officieux étaient :

— Koné Tiémoko, sollicitant la reconduction de son mandat ;

— Amara Karamoko, président de la puissante sous-section de l'Université d'Abidjan ;

— Gbagbo Laurent, militant de base.

Se rendant compte qu'il ne contrôlait aucun des trois candidats, le régime fit, par l'intermédiaire de Jean Kessé, tractation sur tractation pour essayer de faire annuler la fameuse résolution de juillet 1967. Quand l'échec de ces tractations fut patent, le régime prit prétexte du fait que le Congrès s'apprêtait à procéder à une révision statutaire pour suspendre le Congrès. Suspendre ? C'est un euphémisme. L'armée fit irruption dans la salle, dispersa les congressistes à coups de matraques et de crosses, s'empara des documents. Une semaine plus tard, au Conseil national du P.D.C.I., Houphouët-Boigny prononça la dissolution de l'U.N.E.C.I. devenue pour lui une officine d'opposition. Dix-huit de nos camarades furent arrêtés et envoyés dans l'armée. Les étudiants ivoiriens en France déclarèrent nulle et non avenue cette dissolution inqualifiable, maintinrent les structures et le sigle de l'U.N.E.C.I. et continuèrent à y militer. Mais ça, c'est une autre branche de l'histoire du mouvement étudiant.

A la rentrée scolaire 1968-1969, il n'existait donc plus en Côte-d'Ivoire aucun cadre syndical légal pour les élèves et les étudiants. C'est alors que les vingt étudiants houphouétistes, écartés de la direction des affaires par la résolution du Congrès de 1967, se mirent à prendre des contacts, avec l'appui de la direction du P.D.C.I., pour jeter les bases d'un nouveau mouvement. Oh ! il serait trop long de raconter ici toutes les péripéties de ces quelques mois où la drôlerie l'emportait souvent sur la lucidité et le sérieux. Retenons seulement quelques repères. Le 21 décembre 1968, le groupe des vingt réussit à convoquer une assemblée générale à l'Ecole Normale Supérieure ; la presse du parti annonça la présence de 300 étudiants et élèves à ces assises (56) ; cette assemblée générale adopta un manifeste qui indiquait notamment :

---

(56) *Fraternité-Hebdo* du 29 mars 1969.

« — *construisons un mouvement original qui réponde à nos exigences propres ;*

— *cessons d'être des importateurs d'idées toutes faites presque toujours contraires aux intérêts de notre pays ;*

— *efforçons-nous, après analyse des problèmes, de faire preuve d'objectivité dans la recherche de solutions adéquates ;*

— *œuvrons par un dialogue franc et ouvert avec les autorités au progrès et au bien-être du peuple ivoirien...* » (57).

Le 26 décembre, Tanoh Brou Antoine, président du groupe des vingt, adresse une lettre au Bureau politique du P.D.C.I. dans laquelle il pose comme principe que le mouvement à créer devra être « *engagé aux côtés du P.D.C.I.-R.D.A.* » ; il poursuit :

« *En effet, une telle orientation semble plus conforme aux réalités profondes de notre pays. C'est du moins ce que nous avons pu retirer des longues analyses que nous avons faites sur les structures dont le P.D.C.I.-R.D.A. a toujours été le promoteur et le réalisateur.*

Nous souhaiterions donc, nous, membres du Comité provisoire, ainsi que le noyau des vingt étudiants qui a eu l'initiative de convoquer l'assemblée générale, vous rencontrer le plus de fois possible et selon le temps que vous laissera votre calendrier afin de procéder au mode d'intégration du nouveau mouvement étudiant que nous voulons former au sein du P.D.C.I.-R.D.A. pour une collaboration plus féconde et plus utile à la Côte-d'Ivoire... » (58).

Le 25 mars 1969, après un long discours à la Maison du Congrès, Philippe Yacé donne le feu vert du chef de l'Etat et du parti à la création du nouveau mouvement (59). Les 3, 4 et 5 avril 1969 se tient à la Maison du P.D.C.I. le Congrès constitutif du nouveau mouvement, le Mouvement des Etudiants et Elèves de Côte-d'Ivoire (M.E.E.C.I.). Les principaux responsables du mouvement issu du Congrès d'Avril sont :

— Tanoh Brou Antoine (aujourd'hui ministre de l'Environnement), président du Comité exécutif ;

---

(57) *Idem.*
(58) *Fraternité-Hebdo* du 29 mars 1969.
(59) *Idem.*

— Alphonse Djédjé Mady (aujourd'hui membre du Comité exécutif du P.D.C.I.), président du Conseil statutaire ;

— Mambo Yapi, président du Commissariat aux Comptes, assisté de Gayé Lucien et de Jean Guédé.

La création du M.E.E.C.I. était un tour de passe-passe consistant à faire revenir à la tête du mouvement étudiant, par le biais d'un mouvement politique engagé aux côtés du P.D.C.I., des personnes que l'ensemble des étudiants et élèves avait rejetées. Les étudiants de l'Université et des Grandes Ecoles décidèrent la création d'un Comité exécutif provisoire qui avait pour tâche de rencontrer les autorités du pays pour leur faire part de l'indignation des étudiants devant cette manœuvre. Le Comité exécutif provisoire qui avait dans ses rangs Gilles Laubhouet, aujourd'hui secrétaire d'Etat à l'Agriculture, devait exposer aux responsables du P.D.C.I., et notamment au chef de l'Etat, les points suivants :

— Ces personnes pour lesquelles le P.D.C.I. a créé de toutes pièces un nouveau mouvement ont été rejetées ; elles ne sont pas représentatives et ne peuvent en aucun cas parler au nom de l'ensemble des étudiants et élèves de Côte-d'Ivoire ;

— le problème de l'engagement politique du M.E.E.C.I. aux côtés du P.D.C.I. est une machination ourdie par le groupe des vingt pour obtenir l'appui du pouvoir et désigner les autres étudiants comme des adversaires politiques du Chef de l'Etat ;

— Les étudiants réclament le rétablissement de l'U.N.E.C.I. ou l'autorisation de créer un autre syndicat, indépendant du P.D.C.I., capable de défendre effectivement leurs intérêts, tout étudiant restant libre de militer dans le P.D.C.I.

Le Comité exécutif provisoire ne put jamais rencontrer le chef de l'Etat. Les deux ministres qui le reçurent (M'Bahia Blé Kouadio, ministre de la Défense, et Amon Tanoh Lambert, ministre de l'Education nationale) rejetèrent sa manière de voir les choses et invitèrent les étudiants à intégrer le M.E.E.C.I. Dans ces conditions, une assemblée générale tenue le dimanche 18 mai décida une grève générale des cours et des examens. Les étudiants tenaient ainsi à protester publiquement, devant le pays tout entier, contre l'embrigadement qui était en train de s'effectuer. Alerté, le Bureau politique du P.D.C.I. se réunit précipitamment le même jour de 22 h 30 à 0 h 45. A la fin de la réunion Yacé lit à la radio un communiqué menaçant :

> « *Le Bureau politique déclare que le gouvernement de la Côte-d'Ivoire ne tolérera pas que des étudiants inconscients ou téléguidés empêchent les autres étudiants de fréquenter leurs cours. Tous ceux qui suivraient ce mouvement se trouveront exclus officiellement et définitivement de l'Université d'Abidjan. Ils devront quitter l'enceinte universitaire sans délai pour rejoindre leurs familles.*
>
> *En tout état de cause, des mesures sont prises pour assurer la protection des étudiants désireux de suivre normalement leurs cours.*
>
> *Le Bureau politique met en garde tous ceux qui, de près ou de loin, encouragent ou tolèrent cette agitation. Ils devront s'attendre à en subir les conséquences* » (60).

Malgré cette menace la grève est totale le lendemain ; le 20, elle s'étend aux établissements d'enseignement secondaire. L'armée pénètre sur le campus universitaire et embarque les étudiants pour le camp militaire d'Akouédo. Après des méthodes tortueuses de division et de tri qu'il serait trop long d'expliquer ici, beaucoup d'étudiants sont relâchés et nous ne restons plus que 400 emprisonnés. Le Recteur français de l'Université d'Abidjan, Monsieur Paulian, a le malheur de protester contre la violation des franchises universitaires par l'armée ; il prend l'avion dans les jours qui suivent. Après avoir « nettoyé » l'Université et les Grandes Ecoles, l'armée pénètre dans les lycées et les collèges d'Abidjan ; les élèves reprennent les cours sous la menace des crosses.

Arrestation de 400 étudiants, renvoi du Recteur de l'Université, telles furent les premières mesures prises par le régime pour répondre à la grève des étudiants et élèves. D'autres mesures devaient suivre. En effet, réuni en Conseil national le vendredi 23 mai, le P.D.C.I. donne l'explication suivante sur la dissolution de l'U.N.E.E.C.I. :

> « *Il y a bientôt un an, nous avons été amenés à dissoudre l'Union Nationale des Etudiants et Elèves de Côte-d'Ivoire (U.N.E.E.C.I.). Pour quelle raison ?*
>
> *C'est qu'à leur dernier Congrès, des étudiants ivoi-*

---

(60) *Fraternité-Hebdo* du 23 mai 1969.

riens inféodés à des partis politiques étrangers extrémistes allaient par des manœuvres habiles s'emparer de la direction de leur association apolitique pour constituer une cellule d'opposition politique. Ils nous auraient mis dans l'obligation de les combattre pour maintenir l'unité de notre parti et de nos militants ; cela nous aurait conduits à les rejeter du parti et aurait entraîné la division des fils de ce pays » (61).

D'autre part, la grève est présentée comme le résultat de la manipulation des étudiants par des forces étrangères : « *Œuvre de ceux dont la mission semble être d'installer chez nous la subversion, toutes ces tentatives pour suborner les étudiants ont échoué au niveau de nos paysans et de nos travailleurs... Nos jeunes se sont laissés abuser par les ennemis de leur pays, par tous ceux-là qui, sous couvert de les aimer, ne cherchent qu'à capter leur confiance pour abuser de leur jeunesse et de leur générosité* » (62).

Ces « diagnostics » établis, le Conseil national prend une nouvelle série de mesures :

— l'Université d'Abidjan et les Grandes Ecoles sont fermées jusqu'à nouvel ordre ;

— les relations diplomatiques avec l'U.R.S.S. sont rompues !!! (63) ;

— enfin et surtout, le M.E.E.C.I. devient une section du parti unique et tous les scolaires sont condamnés à y militer :

> « *... le Bureau politique et le gouvernement dûment mandatés par le Conseil national (...) décident que le M.E.E.C.I. devient à partir de ce jour un organe P.D.C.I.-R.D.A. au sein duquel tous nos élèves et étudiants devront militer depuis l'école primaire jusqu'à l'Université. Certes, comme par le passé les résultats scolaires seront acquis par le mérite, sans discrimination aucune ; mais aucune bourse désormais ne sera attribuée à aucun élève, à aucun étudiant, ne militant pas dans le parti aussi bien en Côte-d'Ivoire qu'à l'étranger* » (64).

Ces mesures prises, le P.D.C.I. entreprit des tractations dans le but de trouver une issue honorable — pour

---

(61) *Fraternité-Hebdo*, 30 mai 1969, p. 4.
(62) *Fraternité-Hebdo* du 30 mai 1969, p. 5.
(63) *Fraternité-Hebdo* du 6 juin 1969.
(64) *Fraternité-Hebdo* du 30 mai 1969, p. 5.

lui — à la crise. Pendant trois jours Monsieur Usher Assouan, membre du Bureau politique du P.D.C.I., ministre des Affaires étrangères, servit de liaison entre les 400 détenus d'Akouédo et la présidence de la République. Pour moi ces tractations furent très révélatrices de la mentalité et des procédés du chef du P.D.C.I. De quoi s'agissait-il ? Le premier moment de panique passé, Houphouët voulait libérer les étudiants. Mais il ne voulait pas le faire en donnant l'impression de reculer ; il ne pouvait pas se permettre de perdre la face, surtout que beaucoup de radios africaines avaient parlé de façon très peu amène de la manière dont il avait maté cette grève (ce sont les propos de la Radio-Conakry qui ont le plus touché le chef de l'Etat ivoirien). Pour justifier donc la libération qui allait intervenir, il fallait que les 400 d'Akouédo adressent au président une lettre de repentir sur laquelle celui-ci pourrait s'appuyer pour faire valoir sa clémence. Et c'est Usher Assouan qui fut chargé d'obtenir cette lettre de nous. C'était très cocasse de voir le P.D.C.I. nous demander pardon pour que nous demandions pardon. Las d'être bastonnés et enfermés sous des guitounes, les étudiants acceptèrent. Cette lettre était faite par qui ? Par la présidence pensent les uns, par Usher disent les autres ; je sais seulement que lorsque le ministre des Affaires étrangères est venu nous voir pour la deuxième fois, il nous a présenté ce qu'il a appelé un « *canevas de travail* » ; c'était la lettre. Elle fut recopiée par l'un d'entre nous en présence d'Usher Assouan, du général Ouattara Thomas d'Aquin, chef d'Etat-Major, et du colonel Oulaï, commandant le bataillon d'Akouédo. Nous fûmes à peu près une demi-douzaine à apposer nos signatures au bas de cette lettre, au nom des 400 ; elle fut publiée le lendemain par *Fraternité-Matin.*

Fort de cette « lettre de repentir », le P.D.C.I. organisa un meeting le 31 mai 1969 (65).

Nous fûmes libérés ce jour-là, après douze jours passés à Akouédo... Je pourrai continuer de relater les suites de cette affaire : la fausse réconciliation organisée par Houphouët à Yamoussoukro en août 1969 entre étudiants houphouétistes et nous ; la mise sur pied d'un « Comité paritaire » en septembre 1969 et l'échec de ce comité ; la création de l'Union Syndicale des Etudiants et Elèves de Côte-d'Ivoire (U.S.E.E.C.I.), et l'arrestation de ces leaders

(65) *Fraternité-Hebdo* du 6 juin 1969.

en mars 1971, leur emprisonnement au Camp militaire de Séguéla et leur libération sept mois plus tard le 19 octobre 1971 (66), etc. Je préfère m'arrêter là car mon objectif n'est pas d'écrire l'histoire des relations entre les étudiants et le P.D.C.I., mais de montrer la nature de ces rapports en choisissant de montrer les grands moments de la grève de mai 1969.

Complot contre les enseignants

La plupart des régimes à parti unique ont une méfiance instinctive à l'égard de ceux dont la profession est de manier les concepts et qui par là même sont souvent amenés à émettre des points de vue critiques sur ceux qui les gouvernent. Houphouët est le type même de l'autocrate qui ne supporte qu'aucun point de vue critique ne soit émis sur ce qu'il dit ou ce qu'il fait. Nous avons vu comment, à l'intérieur même de son parti, il a châtié ceux qui ont osé penser autrement que lui. Or le crime de certains enseignants est d'autant plus grand à ses yeux que non seulement ils pensent autre chose que lui, mais ils le disent et se tiennent à l'écart du P.D.C.I.

L'offensive la plus grotesque et la plus pitoyable d'Houphouët contre eux est incontestablement celle de février 1982 ou « complot de février ». Mais auparavant, avant d'en parler, mentionnons les arrestations de mars 1971.

En 1969 les enseignants ivoiriens du secondaire créent le Syndicat National des Enseignants (SYNESCI) ; la même année voit au niveau de l'Université, des Grandes Ecoles et des établissements de recherche, la naissance du SYNARES, Syndicat Africain de la Recherche et de l'Enseignement Supérieur (67). Ces deux syndicats rejettent l'idée d'une adhésion à l'Union Générale des Travailleurs en Côte-d'Ivoire (U.G.T.C.I.), centrale syndicale unique créée en 1962 par le P.D.C.I. ; d'autre part ils affirment leur autonomie de pensée et d'action par rap-

---

(66) *Fraternité-Hebdo* du 22 octobre 1971.

(67) Au Congrès de 1980, tout en conservant le sigle S.Y.N.A.-R.E.S., cette organisation deviendra le Syndicat National de la Recherche et de l'Enseignement Supérieur.

port au P.D.C.I., le SYNESCI allant plus loin en définissant comme statutairement incompatibles l'exercice d'un mandat syndical et l'occupation d'un poste politique ou gouvernemental. Sur le coup, le pouvoir laisse faire. Mais pas pour longtemps. En octobre en effet, le parti invite les syndicats enseignants à participer à la préparation du Ve Congrès du P.D.C.I. Les deux syndicats refusent, faisant valoir qu'ils ne sont pas des organes du parti. Dès cet instant le pouvoir les soupçonne d'être des partis d'opposition et décide de passer à l'attaque. En mars 1971, Houphouët-Boigny décide de faire arrêter Djenni Kobina, secrétaire général du SYNESCI et Francis Wodié, secrétaire général du SYNARES, et dans la même foulée un jeune professeur d'histoire au Lycée Classique... Gbagbo Laurent : l'orientation de ses cours ne plaît pas au régime, mais surtout son arrestation manquée en novembre 1970 avait provoqué une grève générale de protestation dans tous les établissements scolaires du pays. Houphouët se rend compte que Francis Wodié est absent du pays ; il était parti en France pour préparer son agrégation de Droit. Furieux, le vieil homme le fait remplacer sur la liste des futurs prisonniers par Hoba Albert, directeur de Cabinet du ministre de l'Education nationale, dont la faute avait été de signer l'autorisation d'absence de Wodié !!! Djenni Kobina, Hoba Albert et moi-même sommes arrêtés le 31 mars 1971 dans les locaux de l'Assemblée nationale (68). Conduits au camp militaire d'Akouédo, nous y retrouvons les étudiants arrêtés (69). Quelques jours après, nous sommes transférés au camp militaire de Séguéla ; nous nous y trouvions, quand Houphouët déclara le 28 avril, lors d'une conférence de presse sur l'Afrique du Sud : « *En Côte-d'Ivoire, il n'y a pas de prisonniers politiques* » !!!

Les étudiants seront libérés sept mois plus tard, le 19 octobre 1971. Quant à nous trois, nous serons transférés au camp militaire de Bouaké où nous resterons jusqu'en janvier 1973.

Ce fut la première offensive ouverte du régime contre les syndicats enseignants du secondaire et du supérieur. Quelques années plus tard, en mars 1980, le SYNARES

(68) Les enseignants avaient été conviés à se rendre à l'Assemblée nationale le 31 mars 1971, à 16 heures, pour entendre une communication du chef de l'Etat. C'était un piège.

(69) Voir sous-chapitre précédent.

tient un congrès au cours duquel il réaffirme son autonomie syndicale, critique la politique gouvernementale en matière de recherche scientifique, met en cause l'impérialisme culturel, se prononce pour la mise sur pied d'un Intersyndicat regroupant tous les syndicats enseignants et assimilés. Le SYNARES élit à sa tête Pierre Kipré, maître-assistant (histoire) à l'Ecole Nationale Supérieure. Tous les médias — qui sont gouvernementaux — boudent ce congrès et les ministres traînent les pieds pour recevoir nos représentants. Là-dessus, le pouvoir demande encore aux syndicats enseignants de participer à la préparation du VIIe Congrès du P.D.C.I. ; nouveau refus. Le syndicat de l'enseignement primaire engage même des démarches pour quitter l'U.G.T.C.I., la centrale houphouétiste. En avril 1981 Houphouët convoque au palais de la présidence tous les enseignants du secondaire et du supérieur pour les entendre. Ceux-ci critiquent le manque de politique cohérente en matière de recherche et de formation, dénoncent les surfacturations en matière de construction de bâtiments scolaires, demandent et obtiennent la suppression de la télévision scolaire, si coûteuse et si inefficace... En juin 1981, le SYNARES réunit un conseil d'administration (C.A.) extraordinaire ; après avoir repris les mêmes critiques, le C.A. demande qu'on décroche le système éducatif ivoirien du modèle français ; il propose notamment l'unification du cursus universitaire pour la majeure partie des disciplines, la création d'un doctorat unique au lieu de deux, la suppression du concours d'agrégation pour les Sciences économiques et le Droit, la dénonciation du traité instituant le Conseil Africain et Malgache pour l'Enseignement Supérieur (C.A.M.E.S.) et la création d'une commission nationale d'évaluation des travaux de recherche, etc. En novembre 1981, le chef de l'Etat tient une série de réunions au cours desquelles il demande aux différentes couches socio-professionnelles de réfléchir sur la crise et de lui faire des propositions. Au cours de ce Conseil national tous les syndicats enseignants font une communication unique qui demande, entre autres choses, un impôt sur les grandes fortunes...

De 1980 à la fin de 1981 donc, Houphouët sent de nouveau que les enseignants lui échappent. Pis, il se sent agressé par eux. Il va donc réagir par le « complot de février 1982 ». Pourquoi ma personne a-t-elle été choisie par Houphouët comme cible-symbole pour monter ce mauvais coup contre les enseignants et contre le pays ? D'autres que moi le diront peut-être un jour avec plus de sérénité et d'objectivité. Mon souci est d'abord ici de témoigner en racontant l'événement.

En mai 1981, un étudiant de la Faculté de Droit est venu me voir à mon bureau pour me demander de participer à un débat contradictoire qui m'opposerait à M. Balla Kéita, ministre de la Recherche scientifique, membre du Comité exécutif du P.D.C.I., sur le thème de la démocratie. J'ai refusé, mon programme étant trop chargé.

Au début de l'année scolaire 1981-1982, le même étudiant est revenu me voir accompagné d'un autre. Ils m'ont dit qu'ils étaient membres du Comité M.E.E.C.I. de la Faculté de Droit, et qu'ils étaient venus me demander de participer à un débat contradictoire avec M. Balla Kéita sur le thème : « *Démocratie et parti unique* ». Ils tenaient à ce que je participe à ce débat. Je leur ai alors répondu que je ne pouvais participer à un débat organisé par et pour le M.E.E.C.I., n'ayant jamais approuvé les bases sur lesquelles ce mouvement avait été construit.

Ces étudiants du M.E.E.C.I. ont essayé quelque temps d'infléchir ma position, mais quand ils ont compris qu'il n'y avait rien à faire, ils sont partis. Quelque temps après, j'ai appris par un communiqué que le Comité M.E.E.C.I. de la Faculté de Droit organisait un débat contradictoire sur le thème « *Démocratie et parti unique* » entre M. Zadi Zahourou (70) et Bechio Jean-Jacques (71). Ce n'était déjà plus mon affaire.

Dans le courant du mois de janvier 1982, les étudiants du Club des Juristes de la Faculté de Droit viennent à mon bureau pour me demander de prononcer une conférence sur le thème : « *Jeunesse et politique* ».

Le 25 janvier eut lieu une réunion du Conseil d'Université. A la fin de la réunion, le Recteur me prit de côté pour m'expliquer que le Club des Juristes lui avait demandé un amphithéâtre pour la conférence qu'il organisait et que je devais prononcer ; il m'expliqua que le caractère politique de cette conférence lui ayant fait craindre qu'il n'y eut de la casse, il avait jugé prudent de ne pas donner un amphithéâtre aux jeunes juristes, mais qu'il leur avait conseillé de demander le Théâtre de

---

(70) Maître-assistant à la Faculté des Lettres et Sciences Humaines, poète et dramaturge.

(71) Membre du Comité directeur du P.D.C.I.

la Cité. Il me dit, enfin, qu'il avait tenu à m'avertir lui-même pour que je ne pense pas qu'il s'agissait d'une mesure contre ma personne.

Le 28 janvier, le même Club des Juristes m'avertit qu'il a obtenu le Théâtre de la Cité pour le 8 février. Ces jeunes gens étaient munis d'une note manuscrite signée du Recteur, autorisant la tenue de la conférence.

Le 8 février donc, j'arrive sur les lieux de la conférence à 20 h 10. J'y trouve trois cars de C.R.S. bloquant l'entrée du Théâtre de la Cité. Beaucoup d'enseignants et d'étudiants étaient là, venus pour la conférence. Abdoulaye Koné, président du Club des Juristes, s'étant excusé de m'avoir fait déplacer inutilement, m'a prié de rentrer chez moi, me promettant de plus amples renseignements sur les raisons de la brusque interdiction de la conférence. Le lieutenant de police Zokou Paul, officier des Renseignements Généraux, spécialement chargé des intellectuels, était sur les lieux.

Le lendemain matin, à 8 h 30, Kipré Pierre, secrétaire général du SYNARES, fait irruption dans mon bureau tout essoufflé. Il m'apprend que les étudiants sont en grève parce qu'on raconte que je suis arrêté. Ne comprenant rien à cette histoire, je me mis à lui relater ce qui s'était passé la veille. A ce moment arriva le lieutenant Zokou qui me déclara : « *On dit que tu es arrêté, alors les étudiants sont en grève ; est-ce que tu peux aller leur demander de cesser la grève ?* » Je lui dis non. Non parce que je ne sais même pas encore de quoi il s'agit. Non parce que ce n'est pas moi qui ai demandé aux étudiants de se mettre en grève. Je me rendis alors au ministère de l'Education nationale. Aux environs de 9 h, j'étais au Secrétariat du ministre qui me reçut aussitôt. Le ministre m'expliqua que la police aurait pu et aurait même dû me conduire à la Sûreté nationale, ne serait-ce que pour m'entendre comme témoin ; mais que compte tenu de la situation, elle ne le ferait pas. Il ajouta qu'il valait mieux pour moi rester au Cabinet toute la matinée, et que d'ailleurs il me retenait à déjeuner parce que dans le tourbillon qui s'était emparé de la ville, « *quelqu'un pouvait me faire la peau* » pour en rejeter la responsabilité sur le P.D.C.I. J'ai pris cette phrase comme une menace non voilée.

Tout ce que je sais de la manière dont la grève s'est déroulée en cette matinée du 9 février, c'est au ministère que je l'ai appris : le nombre des étudiants en grève, l'Abidjanaise scandée sous le Rectorat, la séquestration du Recteur, puis sa libération, le dispositif de la police, le nombre d'étudiants arrêtés et transférés à Akouédo, etc.

A 12 h nous sommes allés déjeuner chez le ministre ; à 14 h, il m'a dit que je ne pouvais rentrer chez moi, mais que je devais être à son Cabinet le lendemain à 8 h 30 parce que le Bureau politique, qui devait se réunir ce jour-là, pourrait avoir besoin de m'entendre.

Le 10 février, je fus introduit vers 13 h dans la salle de réunion des instances du P.D.C.I. La seule question qui me fut posée, par Houphouët lui-même, sous deux formes différentes, est celle-ci : « *Gbagbo, as-tu été arrêté ?* » Ma réponse fut : « *Non* » ; alors Houphouët me remercia et je rentrai chez moi.

Mais racontée de cette façon, cette affaire n'en est pas réellement une, car on nage uniquement à la surface des eaux. Avec les renseignements que nous avons eus auprès de certains membres du Bureau politique du P.D.C.I., et auprès de certains policiers, descendons au fond.

A la fin de l'année 1981, Houphouët est effectivement résolu à frapper très sévèrement les enseignants, les chercheurs et les étudiants pour plusieurs raisons :

— des raisons économiques d'abord. La crise économique est impitoyable et après le sommet franco-africain de Paris (novembre 1981), Houphouët a la conviction qu'en matière d'aide, il ne peut plus beaucoup compter sur les pays industrialisés ; il dira d'ailleurs, désabusé : « *Ceux qui veulent nous aider ne le peuvent pas* » (allusion à Mitterrand) », « *et ceux qui peuvent nous aider ne le veulent pas* » (allusion à Reagan). Il faut donc trouver des solutions internes. L'une des mesures qu'il pense indispensable de prendre, c'est la suppression du droit au logement de certaines catégories d'agents de l'Etat. Or les plus nombreux à bénéficier du droit au logement sont les militaires, les coopérants, les douaniers, les magistrats, les policiers et les enseignants. Pour des raisons évidentes (il a terriblement peur d'un coup d'Etat militaire et ne veut pas mécontenter les bailleurs de fonds occidentaux), Houphouët ne peut toucher aux avantages des policiers, des militaires et des coopérants. Restent donc les enseignants. Il faut faire taire leurs syndicats avant d'annoncer ces mesures, surtout qu'en février 1977 le régime avait dû reculer devant les syndicats enseignants sur cette question. De plus, le pouvoir voulait supprimer les internats des élèves qui lui revenaient trop cher ;

— des raisons politiques ensuite ; Houphouët considère vraiment les syndicats enseignants comme des nids d'opposants. Il leur reproche de ne jamais accepter de travailler dans le cadre du parti et ne comprend pas que le SYNARES ose remettre en question l'idée que lui, Houphouët, se fait de la coopération.

Houphouët était donc décidé à mater les enseignants et les étudiants en ce début d'année 1982. Cela voulait dire — et là tous nos informateurs du P.D.C.I. et de la police sont formels — qu'il avait résolu d'écarter de l'Université et des Grandes Ecoles un groupe de 30 enseignants et chercheurs dont il avait déjà dressé la liste, et d'incorporer dans l'armée 200 étudiants. Il ne restait plus qu'à trouver le prétexte à une telle épuration. C'est dans cet esprit que le ministre de l'Education nationale, Paul Akoto Yao, membre du Bureau politique, demanda au M.E.E.C.I., section du parti, de me proposer un débat contradictoire avec Balla Kéita. Devant mon refus, le P.D.C.I. essaya la solution Zadi ; celui-ci accepta le débat, mais la manœuvre ne donna rien de bon. Sur ces entrefaites le Club des Juristes me demanda de prononcer une conférence. Je dois avouer qu'au moment où j'écris ces lignes, je n'ai pas encore réussi à savoir si la démarche du Club des Juristes en ma direction était commanditée en sous-main par le parti ou si celui-ci a tout simplement sauté sur cette occasion. Toujours est-il que cette conférence devant avoir lieu le lundi 8 février 1982 à 20 h, *Houphouët fait boucler le Théâtre de la Cité à 18 h 30 seulement,* dans le but de créer des incidents-prétextes entre le conférencier, les étudiants, les enseignants et les forces de l'ordre. Dès 19 h, quelques-uns des responsables du M.E.E.C.I. qui avaient participé au montage du scénario avec les ministres Akoto Yao (Education nationale) et Gaston Ouassana Koné (Sécurité intérieure) se mirent à sillonner les cités universitaires, annonçant partout que la conférence n'aurait pas lieu et que le conférencier serait arrêté. Alors la machine échappa au pouvoir. Les étudiants s'organisèrent rapidement la même nuit et décidèrent d'une grève générale pour le lendemain ; ils rédigèrent un tract dans lequel ils revendiquaient :

« — le droit à l'information et à la formation ;

— le droit à la création d'un syndicat libre et la dissolution du M.E.E.C.I. ;

— le droit à la liberté d'expression et le respect des franchises universitaires. »

Mardi 9 février, 5 000 étudiants (72) étaient dans la rue pour une marche de protestation. Aussitôt l'armée, la police et la gendarmerie bouclèrent l'Université et le quartier de Cocody. 2 000 étudiants furent arrêtés et conduits au camp militaire d'Akouédo (on les libéra deux jours plus tard) tandis que les autres étaient dispersés à coups de crosses et de matraques. Dans le même temps, les chômeurs prenaient possession des quartiers populaires de Treichville et d'Adjamé, saccageant les vitrines des magasins, mais aussi et surtout, brisant les symboles les plus visibles du pouvoir, les voitures d'Etat. Les élèves des lycées et collèges suivirent immédiatement le mouvement de grève. Le même jour, le SYNARES tint une assemblée générale qui décida d'une grève illimitée à l'appui de ces six revendications :

« *1) Le maintien des instituts de recherche sous la tutelle actuelle et la création de nouveaux instituts pour une meilleure dynamisation de la recherche en Côte-d'Ivoire ;*

2) le retour des instituts de recherche sous la tutelle unique du ministère de la Recherche scientifique (73) *;*

3) la juste rémunération des enseignants délégués dans les fonctions de maîtres-assistants ;

4) l'élection par les enseignants et chercheurs du président du Conseil de l'Université, ce poste devant être dissocié de celui du Recteur ;

5) la démission de l'actuel Recteur de l'Université nationale ;

6) le respect des franchises universitaires et de la liberté d'expression. »

---

(72) Ce chiffre a été fourni par la police au ministre de l'Education nationale au moment où j'étais séquestré dans le bureau de celui-ci.

(73) Depuis novembre 1979, le gouvernement a décidé que les instituts de recherche en Sciences Humaines ne dépendraient plus du ministère de la Recherche scientifique, mais du ministère de l'Education nationale.

Ce même jour encore, le personnel administratif de l'Université (chauffeurs, secrétaires, plantons, etc.) dénonça l'incompétence du Recteur Valy Charles Diarassouba, renouvela sa demande d'augmentation de salaires et se mit en grève.

La machine du P.D.C.I. était déréglée. Initialement, Houphouët avait tenté une provocation pour faire arrêter au maximum 30 enseignants et chercheurs et 200 étudiants. Or il y avait dans la rue 5 000 étudiants, l'ensemble des enseignants et chercheurs s'était mis en grève, le personnel administratif de l'Université avait suivi, les élèves des Lycées et Collèges manifestaient, les chômeurs avaient pris possession des quartiers populaires, brisant tout ce qui symbolisait le pouvoir. Il fallait réagir. Le Bureau politique du P.D.C.I. le fit en publiant un premier communiqué dont se détachent trois points :

— d'abord il essaie de justifier, maladroitement, la suppression de ma conférence en faisant valoir que toutes les conférences étaient interdites en raison de la proximité des examens.

Il s'agit là évidemment d'un mensonge grossier car dans cette même période plusieurs conférences se sont tenues sur le Campus universitaire. Mais surtout, si le Bureau politique du P.D.C.I. les avait effectivement interdites, comment expliquer que Valy Charles Diarassouba, Recteur de l'Université, *membre du Bureau politique du P.D.C.I.*, ait donné son *autorisation écrite* à la tenue de ma conférence et en ait même désigné le lieu ?!!

— Ensuite le communiqué tente de rassurer la population sur mon sort, expliquant que je n'avais jamais été inquiété.

Que je n'aie pas été arrêté et jeté en prison, comme par le passé, cela est vrai. Mais il est moins vrai d'affirmer que je n'ai pas été inquiété. En effet, j'ai été séquestré, sur ordre du président de la République, par Paul Akoto Yao, ministre de l'Education nationale, de 9 h à 14 h. D'autre part, n'était-ce pas une menace de sa part de me dire que dans la rue quelqu'un pourrait me faire la peau ? En somme on me séquestrait pour mon propre bien !!! Et quand Monsieur Akoto Yao téléphone à son compère Ouassana Koné, ministre de la Sécurité intérieure, et lui dit à voix suffisamment haute pour que je puisse entendre : « *Gbagbo est peut-être en train de prendre sa dernière coupe de champagne d'homme libre* », n'est-ce pas une menace ?

— Enfin, le premier communiqué du Bureau politique annonce une série de mesures prises par le parti et se termine sur un ton menaçant :

> *« Le P.D.C.I., après analyse de la situation créée par les étudiants manipulés par les professionnels de la déstabilisation en Afrique, ennemis du progrès ivoirien, a pris les décisions suivantes :*
>
> *1) Fermeture immédiate de l'Université et des Grandes Ecoles d'Abidjan jusqu'à nouvel ordre ;*
>
> *2) Evacuation de toutes les cités et résidences universitaires de la capitale ;*
>
> *3) Suspension des bourses de l'Enseignement supérieur. Par ailleurs, le Bureau politique déclare illégale la grève décidée par le SYNARES (Syndicat de l'Enseignement supérieur et de la Recherche).*
>
> *A compter de ce jour, ce syndicat n'est plus reconnu ni par le parti ni par le gouvernement.*
>
> *En conséquence, des mesures énergiques seront prises par le parti dans les jours qui viennent pour assainir le climat qui prévaut au niveau de l'Enseignement supérieur en Côte-d'Ivoire »* (74).

En fermant l'Université et les Grandes Ecoles, en fermant les chambres des cités universitaires, en suspendant les bourses et allocations perçues par les étudiants, le régime espérait que, mis dans la rue sans un sou, les étudiants allaient se désolidariser des enseignants, écrire des lettres de repentir et implorer la clémence du chef de l'Etat. Las ! C'est le contraire qui se produisit. Les étudiants se répandirent à travers le pays, distribuant des tracts dénonçant la fascisation du régime, le chômage intellectuel, etc. En dissolvant le SYNARES, le régime espérait que, privés de leur cadre légal de lutte, les enseignants et chercheurs allaient se croiser les bras. Las ! le SYNARES sortit des tracts expliquant à la population les raisons de sa grève et la mauvaise foi du pouvoir. D'autre part, dans les « maquis » (75), les bus, les ateliers, la population se gaussait de plus en plus de la

---

(74) *Fraternité-Hebdo* du 19 février 1982, p. 2.

(75) On appelle « maquis » en Côte-d'Ivoire, les restaurants tenus dans les cours africaines et où l'on ne sert que des repas africains. On y vient pour manger et boire, mais aussi pour discuter et se tenir au courant des dernières rumeurs ; le premier de ces « maquis » s'appelait fort éloquemment d'ailleurs « l'O.N.U. ».

fébrilité du P.D.C.I. et affichait sa sympathie pour les grévistes.

Devant cet échec, Houphouët réagit en attaquant sur trois terrains à la fois.

a) D'abord il attaque sur le terrain ethnique, affirmant — sans rire — qu'il est victime d'un complot ourdi par les intellectuels bété. Les preuves ? Eh bien ! Zadi Zahourou, Gbagbo Laurent et Pierre Kipré sont Bété. D'ailleurs, affirme-t-il, les Bété n'ont jamais accepté son régime. Dignan Bailly qui dirigeait la S.F.I.O. de Côte-d'Ivoire entre 1946 et 1951 était Bété ; Gnagbé était Bété, etc. Ayant ainsi démontré que la « conjuration bété » ne faisait pas de doute, Houphouët demanda aux militaires et aux cadres politiques bété du P.D.C.I. de se prononcer clairement : ou bien ils sont pour lui, ou bien ils sont pour les « conjurés ». Les premiers à réagir sont les militaires, d'autant plus que le chef d'Etat-Major de l'armée ivoirienne, le général Zézé Baroan, est Bété. Le 12 février 1982, ils lisent à la télévision et à la radio leur acte d'allégence sous la forme d'une motion de soutien dans laquelle on lit notamment :

> « — *Vu les événements que connaît notre capitale, événements à l'origine desquels se trouvent certains cadres Bété de l'Enseignement supérieur, à savoir Zadi Zaourou, Koudou Gbagbo Laurent et Kipré Pierre et qui pourraient laisser supposer une quelconque connivence entre ces cadres et les militaires Bété de l'armée ivoirienne, nous, Officiers supérieurs et subalternes ainsi que les sous-officiers d'ethnie Bété, sommes réunis le 12 février 1982, en Assemblée générale sous la présidence du général Zézé Baroan Bertin, chef d'Etat-Major des FANCI* (76)...
>
> — *Considérant que depuis les premières heures de la lutte émancipatrice, les populations Bété se sont toujours tenues aux côtés du président Félix Houphouët-Boigny, et qu'elles entendent y demeurer* (...)
>
> — *Proclamons solennellement pour ceux qui ne le sauraient pas encore que nous nous trouverons toujours aux côtés du président Félix Houphouët-Boigny pour la poursuite du développement harmonieux de la Côte-d'Ivoire dans la paix, la fraternité et la stabilité.*

---

(76) F.A.N.C.I. : Forces Armées Nationales de Côte-d'Ivoire.

Soussignés les officiers généraux et supérieurs, porte-parole des militaires d'ehnie Bété des FANCI.

Général Baroan
Colonel Balou
Colonel Dagou
Général Blehouan
Colonel Ory

Fait à Abidjan le 12 février 1982 » (77).

Le 14 février, c'est au tour des cadres politiques bété du P.D.C.I. de monter au créneau. Dans l'acte d'allégeance qu'ils rédigent sous forme d'une motion de soutien, on peut lire :

« — *Après avoir examiné les actions de déstabilisation que connaît actuellement le pays, et qui sont téléguidées de l'extérieur, alors que leur champ d'application est l'Université, par l'entremise des professeurs d'Enseignement supérieur et des étudiants, auxquels sont mêlés Gbagbo Laurent, Kipré Pierre et Zadi Zaourou* (...)

Condamnent sans appel, comme ils l'ont toujours fait, ceux des Bété qui, consciemment ou inconsciemment, seraient les instruments de déstabilisation dirigés contre la Côte-d'Ivoire, son chef le président Houphouët-Boigny, et ses institutions... » (78).

b) Ensuite Houphouët-Boigny attaque sur le terrain politique et social. En effet, le 13 février le Bureau politique du P.D.C.I. publie un second texte. Infâme, grotesque, pitoyable même, ce communiqué est un véritable déshonneur pour la Côte-d'Ivoire toute entière. Mon nom est cité douze fois dans ce papier. Je ne veux même pas relever ici les attaques insensées qui sont portées contre ma personne, attaques qui indiquent bien le niveau politique de ceux qui — hélas — ont en main les destinées de mon pays.

Voulant stopper la vague de sympathie qui montait de partout envers les grévistes et dresser l'ensemble de la population contre le monde universitaire, ce second communiqué présente les étudiants et les enseignants du supérieur comme des privilégiés.

Au plan politique, ce second communiqué veut accré-

(77) *Fraternité-Hebdo* du 19 février 1982.
(78) *Idem.*

diter auprès de l'opinion la thèse d'un complot ourdi par les puissances extérieures qui ont comme agents intérieurs les professeurs de l'Université, lesquels manipulent les étudiants pour créer le désordre en vue de déstabiliser le pays. Pas moins !

Après une telle présentation des événements, il est évident que la patrie est en danger et qu'il faut prendre rapidement des mesures de salut public ! C'est exactement ce que fait le P.D.C.I. qui proclame :

> « *C'est pourquoi, complétant les mesures déjà prises et annoncées, la direction du parti et le gouvernement, tirant les conséquences de la grève illégale décrétée par le SYNARES pour une durée illimitée, ont décidé :*
>
> *1) la suppression immédiate des traitements et salaires de tous les professeurs d'Enseignement supérieur ;*
>
> *2) la poursuite des enquêtes pour établir les responsabilités* » (79).

Pour compléter l'information du lecteur, disons que dès le 13 février, le P.D.C.I. fit courir le bruit que les professeurs-agitateurs étaient des agents libyens, payés par Kadhafi pour renverser le régime ivoirien. A ce moment-là, ces rumeurs me firent sourire. Je croyais qu'il s'agissait encore d'un canular inventé par les Abidjanais pour se moquer d'Houphouët. Que ne fut donc pas ma surprise quand ces rumeurs se transformèrent en articles écrits par les journalistes ivoiriens les plus proches du chef de l'Etat. C'est d'abord Auguste Miremont, membre du Comité directeur du P.D.C.I., rédacteur en chef de *Fraternité-Matin* qui écrivit : « *Notre force en Côte-d'Ivoire ? La volonté unanime de la population de s'opposer par tous les moyens aux "vendus aux pétro-dollars", ainsi que l'union de tous au sein du P.D.C.I.-R.D.A.* » (80).

C'est ensuite Jean-Pierre Ayé, journaliste ivoirien de *Fraternité-Matin*, qui publia dans le journal dakarois *Africa*, un article sur les événements d'Abidjan. On lit sous sa plume :

> « *... Peut-on cependant établir une relation entre les événements de l'Université et les visées possibles de la Libye sur la Côte-d'Ivoire ? Les autorités ivoiriennes ne*

---

(79) *Fraternité-Hebdo* du 19 février 1982.

(80) *Fraternité-Hebdo* du samedi 20 et dimanche 21 février 1982.

se prononcent pas catégoriquement. On sait seulement que certains enseignants ont effectué des séjours à Tripoli et que l'un d'eux, Sané, ancien professeur à l'Ecole normale supérieure s'y est installé. Il a même demandé par lettre à l'autorité de tutelle sa mise en disponibilité. Ce nouvel immigré s'ajoute à une liste d'autres Ivoiriens qui, sous le prétexte de se rendre en Arabie Saoudite pour y faire des études islamiques, se sont fixés en Libye. Au Ghana, il n'aura fallu qu'une poignée de nationaux entraînés dans les camps spéciaux de Kadhafi pour contraindre le Dr Liman à quitter le pouvoir. La Côte-d'Ivoire se méfie donc de ses "libyens" et les soupçonne même de mener depuis Tripoli des actions subversives... » (81).

c) Enfin Houphouët mobilise son parti. De toutes les sections affluent des motions de soutien au « Guide Eclairé », au « Père de la Nation », etc.

Voilà donc les terrains sur lesquels Houphouët a décidé de contre-attaquer.

• En tribalisant le problème (complot des enseignants bété), il espère :

— briser le front de lutte des grévistes ;

— jeter le trouble dans l'opinion publique et provoquer le réflexe tribal du genre : « *Encore des Bété ! Mais ceux-là que veulent-ils au juste ?* » Nous avons vu qu'il a déjà utilisé des arguments tribaux analogues lors des « complots » de 1963, lors de la sécession du Sanwi et lors de l'affaire Gnagbé ;

— dévaluer la lutte des enseignants de l'Université et des étudiants en la ravalant au niveau d'un banal complot ethnique.

• En mettant l'accent sur la situation sociale des enseignants du Supérieur et des étudiants, et en la présentant de façon mensongère, il veut de toute évidence provoquer la réaction des couches les moins favorisées contre la « grève des nantis », et priver les grévistes du soutien et de la sympathie populaires.

• En impliquant la Libye dans cette grève, Houphouët nous révèle simplement qu'il a la trouille depuis le coup d'Etat de Jerry Rawlings au Ghana. Le chef de l'Etat ivoirien vit véritablement un cruel dilemme : il aime le pouvoir personnel et sans partage, il ne peut pas souffrir

---

(81) *Africa*, Dakar, n° 139, mars 1982, pp. 31 à 34.

d'avoir en face de lui des partis d'opposition, mais en même temps il a une peur bleue des coups d'Etat. Mais en dehors de cette considération d'ordre général, en impliquant Kadhafi dans ce « complot », Houphouët espère provoquer dans l'opinion une méfiance générale à l'égard de ces intellectuels qui n'hésitent pas à vendre leur pays et provoquer autour de sa personne une espèce d'union nationale sacrée contre les agents de l'étranger.

• Quant aux motions venant de toutes les sections du P.D.C.I., elles n'ont aucun impact sur l'opinion publique nationale car les gens en sont lassés ; les mauvaises langues racontent même qu'elles sont toutes rédigées à la présidence. Leur utilité se trouve donc ailleurs. Elles sont d'abord et surtout destinées à rassurer l'opinion publique internationale et à montrer aux gouvernements et aux financiers des pays occidentaux que le « Vieux » a toujours la situation bien en main.

• En suspendant illégalement les traitements et salaires des chercheurs et des enseignants du Supérieur, Houphouët espère que les grévistes vont se précipiter à la présidence, oublier toutes leurs revendications et l'implorer pour qu'il rétablisse les salaires ! Las ! Les grévistes dénoncent cette nouvelle escalade de l'arbitraire et continuent leur combat.

Cette série de mesures et de déclarations mensongères ne fait que relancer la grève. Coup sur coup, étudiants et enseignants inondent la ville d'Abidjan de tracts pour répondre au P.D.C.I.

Les étudiants d'abord. Ils publient deux tracts intitulés l'un « *Justification de la Grève* » et l'autre « *Démenti à l'analyse erronée et mensongère du Bureau politique à propos de la grève actuelle* ». Dans ces deux papiers, ils réfutent point par point les mensonges contenus dans le second communiqué du P.D.C.I. D'autre part, ils expliquent leurs conditions de travail : « *L'Université nationale, prévue à son ouverture pour 7 000 étudiants, compte aujourd'hui plus de 17 000 étudiants et le cadre est devenu par conséquent trop exigu...* »

Après avoir dénoncé, au passage, le M.E.E.C.I., ils s'insurgent contre la tribalisation menée par le parti : « *D'autre part peut-on prétendre que cette grève est le fait d'une* tribu *qui s'insurge contre le reste du pays ? Non ! Il s'agit d'une crise nationale, d'un problème national que les étudiants soucieux de l'avenir de leur pays veulent voir résoudre dans ce cadre, non dans un autre.* »

Le SYNARES et le SYNESCI s'engagent dans cette même voie.

Dénonciation de l'arbitraire, du mensonge et de la répression, dénonciation de la tentative de division des travailleurs et de la tribalisation des problèmes nationaux, telles furent les réponses apportées par les étudiants, les chercheurs, les enseignants du Supérieur, les enseignants du Second degré aux communiqués mensongers du P.D.C.I. et aux mesures mesquines prises par celui-ci. Dès ce moment, le SYNARES mit sur pied un *Comité de Négociation* qui se déclara prêt à discuter à tout moment avec les pouvoirs publics et entreprit des demandes en ce sens. Mais, au lieu d'agir comme un parti responsable, c'est-à-dire au lieu de cerner les problèmes, d'engager la négociation pour les discuter, le P.D.C.I. s'enfonça une fois de plus dans la voie des magouilles et des petites combines. Au lieu de résoudre les problèmes qui se posaient au pays, Houphouët se mit à chercher frénétiquement que les enseignants fassent acte d'allégeance à sa personne. Ces magouilles et combines pour occulter les problèmes et chanter la gloire du « Père de la Nation » connurent trois épisodes :

Premier Episode. Autour de Touré Bakary (82), doyen de la faculté des Sciences, de N'Diaye Alassane, professeur à la faculté des Sciences, membre du Comité directeur du P.D.C.I., conseiller technique du ministère de la Recherche scientifique, de Jean Lorougnon Guédé, professeur à la faculté des Sciences, ancien vice-président de l'Assemblée nationale, ancien ministre de l'Education nationale, ancien ministre de la Recherche scientifique, membre du Comité directeur après avoir été membre du Bureau politique du P.D.C.I., il se forme un groupe de 27 enseignants et chercheurs pour faire allégeance à Houphouët-Boigny. Réunis, le 16 février, dans la maison de Jean Lorougnon Guédé, ils mettent au point trois textes qui seront largement diffusés par les médias.

Avec cette petite manœuvre d'amateur, Houphouët espérait troubler l'opinion publique et jeter la zizanie dans les rangs des militants du SYNARES. Or informés du mauvais coup qui se tramait, les militants avaient

---

(82) Aux dernières nouvelles, Touré Bakary vient d'être nommé Recteur de l'Université d'Abidjan en remplacement de Valy Charles Diarrassouba.

rapidement distribué à travers toute la ville un tract dénonçant les 27, en les citant nommément, de sorte que lorsque le groupe arriva à la résidence du chef de l'Etat, celui-ci était déjà en possession du tract qui les dénonçait. Ainsi, leur démarche n'eut aucune suite.

Deuxième Episode. Après l'échec de cette tentative, le P.D.C.I. se mit à travailler au corps Kipré Pierre, secrétaire général du SYNARES. Tremblant devant les mesures prises par le P.D.C.I., Kipré essaya de démobiliser l'ensemble du syndicat en prétextant qu'il était impossible de continuer la lutte puisque le SYNARES était dissout. Mis en échec au sein de son bureau, mis en minorité par l'ensemble des responsables des sections qu'il avait convoquées, il rendit sa démission. La lutte continuait donc sans lui. Mais à notre grande surprise, le mardi 23 février, il apparut sur les écrans de télévision, assis dans le salon de la résidence privée d'Houphouët : il lu un « appel aux enseignants ». Dans cet appel, Kipré dit son souci d'éviter que les revendications syndicales ne deviennent des armes de déstabilisation dans les mains des « *ennemis intérieurs et extérieurs de notre pays* », et affirme « *la nécessité de faire confiance au président de la République, Son Excellence Félix Houphouët-Boigny....* », etc. (83).

La même nuit, le SYNARES distribua des tracts dénonçant cette nouvelle manœuvre du P.D.C.I.

Troisième Episode. Après l'échec de la solution Kipré, on entendit le chef de l'Etat parler avec insistance de la « majorité silencieuse ». Il existerait, selon Houphouët, une majorité d'enseignants qui n'est pas d'accord avec le mouvement de grève, mais cette majorité n'ose pas sortir de son silence. Sur ces entrefaites, Touré Abdou, sociologue, chercheur à l'O.R.S.T.O.M., Touré Bakary, doyen de la faculté des Sciences, qui avait déjà fait partie de l'expédition des 27, Moustapha Diabaté, sociologue, professeur à la faculté des Lettres, se mirent à former un groupe dénommé... « la majorité silencieuse » pour rencontrer le chef de l'Etat. Cette tentative ne dépassa jamais le stade de la première réunion car en tout et pour tout, ces trois hommes ne réussirent à mobiliser que deux personnes. Cinq personnes pour une majorité, même si elle est silencieuse, ça fait un peu court.

(83) *Fraternité-Matin* du mercredi 24 février 1982.

Toutes ces manœuvres indignes ayant échoué, le chef de l'Etat convoque et préside une réunion du Conseil national du P.D.C.I., le vendredi 26 février. Le communiqué publié à l'issue de cette réunion n'apporte rien de nouveau. Une autre réunion est convoquée pour le mardi 2 mars (84). En réalité, Houphouët est convaincu dès cet instant qu'il doit faire droit aux justes revendications des grévistes. Il est convaincu qu'il faut que la vie universitaire reprenne son cours normal. Mais il ne veut pas, ce faisant, perdre la face. Il ne veut pas, selon ses propres termes, se déculotter après près de quarante ans de vie politique. Surtout il n'entend pas courir le risque d'annoncer la réouverture de l'Université alors que les enseignants, continuant la grève, refuseraient de reprendre les cours. Que faire alors ? Il engage tous les responsables du P.D.C.I. à faire pression sur les enseignants pour qu'ils reconnaissent publiquement qu'ils ont fait une « grève illégale », fassent acte d'allégeance et s'engagent à reprendre les cours dès que le chef de l'Etat aurait ordonné la réouverture de l'Université. Entre le 26 février et le 2 mars, c'est un ballet incroyable. Houphouët lui-même multiplie les contacts avec le Comité de Négociation du SYNARES dont il ne voulait pas entendre parler quelques semaines plus tôt. Ce même Comité est reçu par le bureau de l'Assemblée nationale et celui du Conseil Economique et Social, par une délégation des maires de Côte-d'Ivoire, par l'association des parents d'élèves, etc. Le Bureau national du SYNESCI (Syndicat des Enseignants du Secondaire) est reçu au même rythme par les mêmes corps constitués. Dans le même temps, les pressions individuelles se multiplient... Lundi 1er mars : le SYNARES marque sa bonne volonté en promettant de reprendre les cours dès la réouverture de l'Université ; en contre-partie, il demande que des négociations s'ouvrent rapidement pour trouver les solutions aux problèmes qui ont motivé la grève. Le chef de l'Etat lui en donne la garantie devant les membres du Comité exécutif de son parti. Par contre, le SYNARES refuse de considérer sa grève comme illégale et repousse l'idée même d'un quelconque acte d'allégeance, ce qui lui vaudra bien des courroux. Rassuré par la promesse du SYNARES de reprendre les cours dès que l'Université serait réouverte, Houphouët peut présider, l'esprit tranquille, le

(84) *Fraternité-Matin* du lundi 1er mars 1982.

Conseil national du mardi 2 mars 1982. Ce Conseil (c'est ainsi qu'on appelle ce genre de réunion attrape-tout) entendit sept interventions : l'association des parents d'élèves, l'U.G.T.C.I., le porte-parole des maires, le bureau du Conseil Economique et Social, le bureau de l'Assemblée nationale, le porte-parole des préfets et sous-préfets, le porte-parole des secrétaires généraux du P.D.C.I. Après quoi, ce fut un discours d'au moins une heure d'Houphouët-Boigny, injuriant les uns (« *ceux qui à quarante ans sont encore révolutionnaires sont des imbéciles* », proclama cet homme de peu de mémoire, oubliant que lui-même avait plus de quarante ans quand il pourfendait le « *joug odieux des capitalistes diviseurs, affameurs et tueurs des peuples* » (85), se plaignant de l'ingratitude des enseignants à son égard (c'est le terrain sur lequel le chef d'Etat place les rapports entre l'Etat et les travailleurs en grève), réaffirmant que tout citoyen ivoirien est obligatoirement membre du P.D.C.I., avant d'annoncer « *les mesures de clémence* ». Cette longue déclaration improvisée fut reprise par le Comité exécutif du parti, mise en forme (les passages les plus outranciers furent éliminés) et lue le soir à la télévision ; ce fut le troisième communiqué du Bureau politique.

Pour que le lecteur puisse saisir l'ambiance qui régnait ce jour-là au Conseil national du P.D.C.I., il faut présenter rapidement quelques morceaux choisis des interventions de la gent houphouétiste. Signalons tout de suite que, assurés que la reprise des cours aurait lieu dès l'ouverture de l'Université, tous les intervenants demandèrent la réouverture de l'Université et implorèrent la clémence du chef de l'Etat (puisque les enseignants ne l'avaient pas fait, il fallait bien que d'autres le fassent à leur place !).

Pour résoudre la crise, voici un aperçu de ce que propose le porte-parole du Conseil Economique et Social :

> « *Pour s'assurer qu'à la réouverture de l'Université et des Grandes Ecoles, les professeurs reprendront effectivement leur place, ceux-ci doivent par écrit et sur*

---

(85) « Houphouët-Boigny : l'Afrique ne l'oubliera jamais », discours prononcé à la réception que le P.C.F. organisa en l'honneur du président du R.D.A., in *Bulletin de la Côte-d'Ivoire* du 13 mars 1947.

une fiche qu'on pourrait intituler "Déclaration sur l'honneur" *:*

— réaffirmer leur appartenance au P.D.C.I.-R.D.A.,

— se désolidariser du mouvement de grève déclenché illégalement le 9 février par l'ex-SYNARES,

— s'engager à reprendre leur enseignement,

— donner leur accord pour participer ultérieurement à la création d'une nouvelle structure syndicale dans les conditions à définir en accord avec le parti et le gouvernement.

Il est entendu que le SYNARES reste bel et bien dissout. »

Le porte-parole des préfets et sous-préfets va plus loin encore dans les propositions tendant à accroître la répression :

« *Les professeurs s'étant mis en grève de manière illégale, ils doivent reprendre service dans les quarante-huit heures qui suivent la réouverture de l'Université.*

Le Corps préfectoral demande :

— Le maintien des mesures de dissolution prises à l'encontre du SYNARES jusqu'à l'aboutissement de l'enquête en cours.

— Le rétablissement des salaires des enseignants qui auront repris service dans les délais requis et pris l'engagement par écrit de leur appartenance au P.D.C.I.-R.D.A.

Il souhaite qu'à l'avenir une attention particulière soit portée au recrutement des professeurs afin de rejeter les candidatures de personnes douteuses et dont l'appartenance idéologique pourrait saper les fondements de notre système politique et éducatif.

Enfin le Corps préfectoral pense que l'on devra éviter de regrouper les professeurs dans les mêmes quartiers (...)

Après avoir noté les insuffisances au niveau de l'Université, le Corps préfectoral suggère :

a) La suspension des activités de tous les clubs et associations existant au sein de l'Université jusqu'à ce qu'ils se mettent en règle vis-à-vis de la réglementation en vigueur.

b) L'interdiction sur le Campus universitaire de toute conférence n'ayant aucun lien avec le programme d'études arrêté par le Conseil de l'Université.

c) L'appréciation par le Conseil de l'Université des

thèmes de conférences ainsi que du choix des conférenciers.

d) L'adaptation aux réalités ivoiriennes du statut organique de l'Université nationale.

e) L'accélération du processus de décentralisation de l'Université... » (86).

L'heure était à la surenchère. Les secrétaires généraux du parti se devaient d'aller encore plus loin dans la voie des propositions musclées. Ils reprirent à leur compte toutes les propositions ci-dessus mentionnées, mais en y ajoutant la nécessité de l'enseignement des idéaux du parti depuis l'école primaire jusqu'aux établissements d'enseignement supérieur, la création d'une jeunesse P.D.C.I. avec des sections dans tous les corps socio-professionnels, « *l'institution de commissaires politiques dans tous les domaines d'activités* », avant de conclure :

« *Enfin, nous, secrétaires généraux des sections du parti, qui une fois encore, crions notre éternelle fidélité au président du parti, lui demandons instamment de mettre en garde les assoiffés du pouvoir, recruteurs, diviseurs de la population, qu'ils ne trouveront pas de complices parmi nous.*

En effet, la confiance que nous plaçons en vous, Monsieur le Président, est illimitée, entière et ne saurait être en aucun cas, partagée.

Nous sommes avec Houphouët-Boigny, nous comptons avec Houphouët-Boigny. Nous restons avec Houphouët-Boigny dans le P.D.C.I.-R.D.A.

Vive le président Houphouët-Boigny, président du P.D.C.I.-R.D.A. » (87).

Fort de ces interventions courtisanes, Houphouët annonça, au cours de la longue intervention improvisée, les mesures. Le troisième communiqué du Bureau politique les énumère :

« *Concernant les événements proprement dits de l'Université, le président du parti, chef de l'Etat, répondant à l'appel de la clémence des militants unanimes, a pris les décisions suivantes :*

(86) *Fraternité-Matin* du jeudi 4 mars 1982, pp. 16 et 17.
(87) *Fraternité-Matin* du jeudi 4 mars 1982, pp. 16 et 17.

1. En ce qui concerne les étudiants :

— La réouverture de l'Université nationale et des Grandes Ecoles d'Abidjan avec reprise des cours le jeudi 4 mars 1982 ;

— Le rétablissement des bourses de l'Enseignement supérieur avec rappel ;

— La suppression de tous les Clubs de l'Université, du bulletin Campus Info, *et du temps d'antenne des étudiants à la Radiodiffusion.*

2. En ce qui concerne les enseignants :

— Le président du parti, chef de l'Etat, ordonne aux enseignants du Supérieur la reprise immédiate de leur travail dès le jeudi 4 mars 1982 ;

— Le président confirme la dissolution du SYNARES.

Par ailleurs, le parti interdit l'organisation de toute conférence à caractère politique sur le Campus, dans les Cités et Résidences universitaires.

— A la demande de tous les intervenants, les enquêtes se poursuivront pour établir les responsabilités en vue de prendre, le moment venu, les mesures d'assainissement et d'épuration nécessaires » (88).

---

(88) *Fraternité-Matin* du jeudi 4 mars 1982, p. 18.

3

Economie : « Silence, on développe » (1)

Dans ce chapitre volontairement bref, je me contenterai de mettre en lumière certaines pratiques de l'Etat-P.D.C.I. en matière de pillage organisé. Si nous nous battons pour une alternative démocratique en Côte-d'Ivoire, c'est bien sûr fondamentalement pour que les femmes et les hommes de notre pays puissent vivre libres, débarrassés de la hantise d'une arrestation arbitraire, conséquence d'un complot imaginaire. C'est pour que chacun puisse avoir le droit de penser, de dire, d'exposer autre chose que ce que pense le « Père de la Nation » sans craindre pour sa liberté, pour sa vie ; sans craindre qu'il n'arrive malheur aux siens. Mais si nous luttons pour une alternative démocratique en Côte-d'Ivoire, c'est aussi pour que chaque citoyen puisse avoir le loisir d'exercer un contrôle — direct ou indirect — sur la manière dont sont gérées les affaires de l'Etat. Dans la situation présente, un tel contrôle n'est même pas envisageable. L'Assemblée nationale, composée exclusivement de militants P.D.C.I. est entièrement au service du parti et de son chef, Houphouët-Boigny. Aucun parti d'opposition n'existe. Aucune presse d'opposition n'existe. Ayant fait le vide en face d'eux, ayant supprimé le principe même des contre-pouvoirs si nécessaires à la régulation de toute vie démocratique, ne craignant ni aucune dénonciation, ni même aucun rappel à l'ordre,

(1) *Silence, on développe :* j'ai emprunté ce titre au roman d'un compatriote.

les princes qui nous gouvernent ne se gênent pas pour organiser le pillage à leur profit. Surfacturations, baux administratifs fictifs, népotisme et clientélisme, détournement de cargaisons entières de marchandises au profit de tel ou tel dignitaire du régime, corruption généralisée, trafics d'influences, enrichissement « spontané » des membres des familles des dignitaires, etc. ; tout y passe. Il est vrai que ces pratiques ne sont pas l'apanage de la Côte-d'Ivoire et existent dans beaucoup d'autres pays. Mais du fait de la dé-responsabilisation des citoyens par le parti unique, tout le monde commence à trouver normal, légitime, que l'on devienne multimillionnaire en l'espace de quelques mois du fait que l'on est placé à des postes de responsabilité dans l'appareil de l'Etat. Et c'est là le drame. Il ne peut pas être pardonné au P.D.C.I. d'avoir élevé notre peuple dans le goût du luxe, de l'enrichissement facile et illicite. Des fortunes que, sous d'autres cieux, des femmes et des hommes ont mis des générations à bâtir, ces fortunes-là, des personnes les ont bâties en quelques années de postes ministériels.

Les paysans, victimes sans défense de l'Etat-P.D.C.I.

L'économie de la Côte-d'Ivoire repose sur quelques produits d'exportation en tête desquels arrivent le café et le cacao. Il est vrai que dans les échanges internationaux, les pays industrialisés qui sont les principaux acheteurs de matières premières agricoles et sylvicoles nous pillent littéralement en payant nos produits à des prix extraordinairement bas. Mon propos ici est de montrer comment, à l'intérieur de l'enveloppe (déjà si mince) qui nous est offerte comme prix du café, du cacao et du coton, l'Etat ivoirien achève de faire du paysan, du producteur, un homme condamné à travailler pour rien.

La Caisse de Stabilisation et de Soutien des Prix des Produits Agricoles (C.S.S.P.P.A.), sert d'instrument de surexploitation des paysans par l'Etat ivoirien. C'est le 14 octobre 1954 qu'une loi de la République française crée les Caisses de Stabilisation (2), en remplacement des Fonds café et cacao. Cette loi est rendue applicable en Côte-d'Ivoire par deux décrets du 30 septembre 1955. Quel est le rôle de ces caisses ?

— Elles sont chargées de contrôler et d'organiser le rythme de sortie des produits sur le marché français, de façon à adapter les offres à la demande ;

— sur les marchés autres que français, les caisses exercent un contrôle en fixant des prix minima de vente et en exigeant pour toute exportation autorisée le rapatriement intégral du montant des devises étrangères « *correspondant au cours minima de vente fixe* » (3) ;

— sur place, elles jouent un rôle de régulation en instaurant un système de compensation de manière à assurer au producteur une rémunération stable ;

— les caisses assurent en outre les opérations de stockage en ce qui concerne le café.

En 1962, la Côte-d'Ivoire devenue indépendante décide de fusionner les deux caisses en une seule Caisse de Stabilisation des prix du café et du cacao (4).

> « *En 1964, la Caisse devient Société d'Etat et peut ainsi étendre son influence car il y a disparition des avantages du marché privilégié de la zone franc sous forme de contingents annuels et de prix garantis, mise en place de l'accord international à long terme, pénétration sur les marchés étrangers, ventes directes aux Etats-Unis (ceci pour le café); extension des activités de la Caisse à un troisième produit (le coton).* La *nouvelle Caisse prend alors un autre nom : Caisse de Stabilisation et de Soutien des Produits Agricoles. En 1966, elle devient définitivement : Caisse de Stabilisation et de Soutien des Prix des Produits Agricoles* » (5).

Bon principe que celui de créer un organisme dont la vocation est de garantir au paysan un prix minimum

---

(2) *Journal officiel* de la République française du 25 octobre 1954.

(3) Direction de la statistique : *Situation économique de la Côte-d'Ivoire*, 1960, p. 88.

(4) Marie-Noëlle TERPEND, « La Filière café ; document n° 1 : production et commercialisation du café en Côte-d'Ivoire, *Les Dossiers faim-développement*, Paris, avril 1981, p. 80.

(5) *Idem.*

pendant les années où le prix chute. Mais que nous disent les chiffres sur la situation réelle ?

1) *Pour le café.* Le ministère de l'Economie et des Finances a publié le cours du café pour trois campagnes successives, avec des variations mensuelles (6) :

Moyennes mensuelles	1976-1977	1977-1978	1978-1979
Octobre	1 616*	1 713	1 468
Novembre	1 888	1 750	1 375
Décembre	2 143	1 640	1 303
Janvier	2 308	1 731	1 275
Février	2 705	1 708	1 223
Mars	2 338	1 428	1 288
Avril	3 307	1 298	1 370
Mai	2 725	1 360	1 380
Juin	2 673	1 576	1 739
Juillet	2 428	1 285	1 783
Août	2 563	1 433	1 673
Septembre	2 319	1 500	—
Moyenne	2 501	1 535	(1 441) (7)

* Francs français/100 kg, Côte-d'Ivoire — Supérieur Grade II).

Ce tableau nous permet d'obtenir le prix moyen de la vente du kilo de café de Côte-d'Ivoire sur ces trois campagnes ; et comme nous connaissons le prix d'achat au paysan pour chacune de ces trois campagnes, nous pouvons calculer le pourcentage que reçoit le paysan producteur par rapport au prix réel auquel le café a été vendu :

---

(6) Ministère de l'Economie, des Finances et du Plan, *La Côte-d'Ivoire en chiffres*, édition 1980-1981, p. 120.

(7) Le prix moyen de septembre n'étant pas indiqué, j'ai calculé moi-même cette moyenne annuelle sur la base des prix des onze mois, d'octobre à août.

	1976-1977	1977-1978	1978-1979
Cours moyen du café F CFA/kg	1 250	767,5	721
Prix d'achat au paysan	180	250	250
Pourcentage de ce que gagne % le paysan	14,4 %	32 %	34 %

Ces pourcentages obtenus à partir des prix fournis par la Banque Centrale des Etats de l'Afrique de l'Ouest (B.C.E.A.O.) et reproduits par *La Côte-d'Ivoire en chiffres* (édition 1980-1981) sont confirmés, avec une très légère différence, si nous refaisons le calcul à partir de la valeur CAF de vente fournie par Marie-Noëlle Terpend sur la même période :

En F CFA/tonne (8)	1975-1976	1976-1977	1977-1978	1978-1979
Prix producteur	150 000	180 000	250 000	250 000
Valeur CAF de vente	492 000	1 266 000	797 000	755 000
C.S.S.P.P.A.	248 888	959 078	419 591	374 820
% C.S.S.P.P.A. par rapport prix de vente CAF	50,5 %	75,7 %	52,6 %	49,6 %
% prix au producteur par rapport prix CAF de vente (9)	30,5 %	14,21 %	31,4 %	33,1 %

(8) M.-N. Terpend, *op. cit.*, p. 85.
(9) Les pourcentages du prix d'achat sont calculés par moi.

Mais allons encore plus loin ; nous reproduisons trois pages de l'irremplaçable rapport de Marie-Noëlle Terpend, consacrées au revenu d'un planteur moyen.

« Prenons une famille ivoirienne de cinq personnes (deux adultes et trois enfants), vivant dans la brousse et possédant 3 ha de café.

— Le revenu de la famille :

• moyenne des rendements : 350 kg café vert à l'ha.
Le paysan va donc récolter avec ses 3 ha :
3 x 350 = 1 050 kg de café décortiqué, soit
1 050 kg x 2 = 2 100 kg de café cérise.
Le prix payé au kg de cérise est 150 CFA :
150 F x 2 100 = 315 000 CFA.

— Les dépenses de la famille :

• pour la plantation :

Le père de famille ne suffit pas à lui tout seul pour entretenir ses plantations ; il embauche des manœuvres, surtout pour débrousser chaque année. Lui, débrousse 1 ha et chaque manœuvre débrousse également 1 ha.

Le coût pour débrousser 1 ha est de 10 000 F CFA (prix forfaitaire). D'où la dépense de débroussage est de : 10 000 x 2 manœuvres = 20 000 F CFA.

Le père de famille a besoin, chaque année, d'acheter une matchette et une lime. La matchette vaut 1 200 F CFA et la lime 300 F CFA, soit au total la dépense en outils : 1 500 F CFA par an.

Le producteur doit traiter sa plantation contre les insectes et mettre de l'engrais insecticide contre les fourmis rouges qui, au moment de la récolte, empêchent les gens de ramasser :

15 kg/ha — 1 kg = 250 F CFA — 15 kg x 3 ha = 45 kg — 45 kg x 250 F CFA = 11 250 F CFA.

Le lindane (autre insecticide) 1 sac et demi par ha — 1 sac = 50 kg — 1 sac = 2 800 F CFA.

Les dépenses pour le lindane sont donc de :
1,5 sac x 3 ha = 4,5 sacs — 4,5 sacs x 2 800 = 11 600 F CFA.

L'engrais : 4 sacs/ha — 1 sac = 6 000 F CFA — 4 sacs x 3 ha = 12 sacs — 12 sacs x 6 000 = 72 000 F CFA.

Pour la cueillette, elle est faite par la famille.

Au cas où le planteur engagerait des manœuvres, ils seraient payés :

— soit au sac (ce qui est le plus courant),

— soit à la journée (600 F CFA pour l'année 1979-1980).

Total des dépenses pour la plantation :

	pour 2 100 kg de cérises	pour 1 kg de cérises
— débroussage	20 000 F	9,52
— insecticide	9 000 F	4,28
— lindane	11 600 F	6,52
— engrais	72 000 F	34,28
	112 600 F	54,60

Le bénéfice net pour le planteur est donc :
315 000 F — 112 600 F = 202 400 F CFA pour 3 ha,
soit 96,40 F/kg de cérises ramassées
(150 F CFA — 53,60 F CFA = 96,40 F CFA).

• Pour la scolarité des enfants :

Deux enfants sont en primaire : un en C.P.1, l'autre au C.M.2, le troisième est en secondaire.

Ecole primaire : coût de la scolarité

pour l'école privée .... 5 000 F/an
pour l'école publique ...... 1 000 F/an

	C.P.1	C.M.2
Ecole	1 000 F	5 000 F
Vêtements : complets de garçons	2 200 le complet il en faut deux + 4 400 F	robe 1 200, il en faut deux aussi + 2 400 F
Sport	1 800 F	1 800 F
Fournitures	1 500 F	7 000 F
Total	8 700 F	17 200 F

Ecole secondaire : coût de la scolarité

pour l'école privée	70 000 F/an
pour l'école publique	gratuite.

Le coût des vêtements (complets + vêtements de sport) se monte à 31 000 F par enfant.

L'enfant de ce planteur se trouve dans une école privée. Les frais totaux pour sa scolarisation sont égaux à

scolarité	70 000 F
fournitures	31 000 F
Total	101 000 F

La scolarisation de ses trois enfants coûte donc au planteur :

école secondaire	101 000 F
école primaire	
C.P.1	8 700 F
C.M.2	16 200 F
Total	125 900 F

Il reste au planteur pour vivre toute l'année :
202 400 F — 125 900 F = 76 500 F CFA.

Cette somme doit couvrir les frais de nourriture des écoliers qui sont en ville, l'achat de tous les produits manufacturés et tous les frais de santé de la famille.

C'est pourquoi, en général, dès le mois de juin, le paysan n'a plus d'argent jusqu'à la vente de la prochaine récolte qui se fait vers novembre-décembre. Ainsi s'explique pourquoi les paysans sont toujours pressés de vendre leur café au comptant, le plus tôt possible, et la mise en place des prêts de soudure par la B.N.D.A. (10) » (11).

2) *Pour le cacao.* En partant toujours des chiffres fournis par le ministère de l'Economie et des Finances (12), nous obtenons, avec la même méthode, les chiffres suivants :

---

(10) B.N.D.A. = Banque Nationale de Développement Agricole.
(11) M.-N. Terpend, *op. cit.*, pp. 50 à 52.
(12) *La Côte-d'Ivoire en chiffres*, édition 1980-1981, p. 128.

	1976-1977	1977-1978	1978-1979
Cours du cacao* CFA/kg	1 060	862	761
Prix payé au paysan CFA/kg	180	250	250
Pourcentage de ce que gagne le paysan par rapport au cours	16,9 %	29 %	32 %

* Le Havre-Côte-d'Ivoire, Good fermented.

3) *Pour le coton.* En partant des chiffres fournis par le ministère de l'Economie et des Finances, nous obtenons, avec la même méthode, les chiffres suivants :

	1976-1977	1977-1978	1978-1979
Cours coton CFA/kg*	405	324	342
Prix payé au paysan	80	80	80
Pourcentage de ce que gagne le paysan par rapport au cours	19,75 %	24,3 %	23,4 %

* CAF Europe.

Quelles leçons tirer de ces chiffres et tableaux ?

Je ne nie pas et je ne nierai jamais que les échanges sont inégaux en matière de commerce international. Je ne nie pas que les pays sous-développés non producteurs de pétrole sont victimes de spéculateurs qui triturent sans arrêt les prix des matières premières. Mais je dis que pour avoir un minimum de crédibilité lorsqu'on dénonce cet état de chose, il faut d'abord nettoyer sa propre maison ; il faut que l'Etat consente à donner au paysan, *le vrai producteur de richesses,* une juste rémunération de son labeur. En dépouillant totalement le paysan ivoirien, l'Etat P.D.C.I. joue vis-à-vis de ce dernier le même rôle que les spéculateurs jouent vis-à-vis des producteurs. Avec le cynisme en plus. Les spéculateurs ont au moins la franchise d'afficher qu'ils cherchent à faire le plus de profit possible ; le P.D.C.I. a le mauvais goût de claironner qu'il défend les paysans.

Dans un Etat moderne, tous les citoyens qui en ont les moyens doivent verser une partie de leur revenu à l'Etat, aussi bien pour le fonctionnement de l'Etat que pour les investissements d'intérêt public. C'est le principe de l'impôt. A ce titre, je suis absolument d'accord que les paysans, comme les autres citoyens, paient leur part de cotisation pour la marche des affaires du pays. Mais je m'insurge contre une imposition qui prend l'allure d'une spoliation pure et simple. Il est scandaleux de voir que les paysans perçoivent en permanence moins de la moitié du revenu de leur labeur. Il est scandaleux de constater que pour la campagne 1976-1977 et pour le café, les paysans n'ont même pas perçu 15 % du fruit de leur labeur, c'est-à-dire qu'on leur a ôté 85 % des richesses qu'ils ont produites !!! Cette pratique est non seulement immorale, mais elle est en plus économiquement suicidaire pour le pays :

— le marché intérieur ivoirien est faible du fait d'une telle politique ; sans parler des autres productions, il est bon de rappeler qu'en 1980, la caféïculture et ses activités annexes faisaient vivre 2 300 000 personnes, soit 34,2 % de la population totale (13). Or la faiblesse du marché intérieur est une des causes de la faiblesse du développement industriel. Que peut faire le planteur moyen de café à qui il ne reste que 76 500 F CFA (soit 1 530 FF) pour faire vivre sa famille toute l'année ? Rien. L'une des conséquences les plus importantes de cette situation, c'est que les paysans, ainsi démunis, s'adressent sans cesse à des parents (fils, cousins, neveux, etc.) qui sont salariés en ville pour que ceux-ci les aident à résoudre leurs problèmes : scolarisation des enfants, maladies, funérailles, construction d'une maison ou d'une

---

(13) M.-N. Terpend, *op. cit.*, p. 99.

case décente, etc. La baisse du pouvoir d'achat des paysans se traduit donc par une redistribution du revenu des salariés, en d'autres termes, par une baisse du pouvoir d'achat réel des salariés ;

— ne trouvant pas son compte dans le travail de la terre, la jeunesse rurale abandonne de plus en plus la campagne et afflue vers les centres urbains, surtout vers Abidjan, dans l'espoir d'y trouver un emploi. C'est l'exode rural. Les pouvoirs publics décrient ce phénomène mais ils ne font rien pour l'endiguer. Le tableau suivant donne une idée du transfert de population dans le sens campagne-ville entre 1960 et 1980.

Pourcentage de la population africaine résidente, c'est-à-dire essentiellement la population ivoirienne (14) :

	1960	1965	1970	1975	1980
Villes	13,9	24,5	29,8	36,8	42,5
dont Abidjan	(5,6)	(8,2)	(11)	(14,7)	(17,6)
Campagne	86,1	75,5	70,2	63,2	57,5

Nous avons dit plus haut que c'est la jeunesse, c'est-à-dire la partie la plus dynamique de la population, qui abandonne la campagne. Ceux qui restent à la terre, et qui sont généralement plus âgés, sont à cheval entre la production des cultures d'exportation (café, cacao, coton, etc.) pour avoir un peu d'argent, et la production des cultures vivrières pour ne pas crever de faim. De plus en plus d'ailleurs, les paysans commercialisent une partie des cultures vivrières pour la consommation urbaine. Mais à cause du dépeuplement de la campagne consécutif à la spoliation des paysans par le P.D.C.I., malgré un meilleur rendement de la production vivrière grâce à l'in-

(14) J'ai composé ce tableau à partir d'une étude effectuée par le Bureau International du Travail intitulée : *Abidjan, Urbanisation et emploi en Côte-d'Ivoire,* Genève, tableau 22, pp. 104 et 105.

troduction de nouvelles méthodes culturales, le pays est obligé d'importer de plus en plus de quoi nourrir la population qui, elle, n'arrête pas de croître. La spoliation des paysans du fruit de leur labeur entraînant la désertion de la campagne par les jeunes, une mauvaise politique agricole essentiellement axée sur les produits d'exportation, tout cela a entraîné un déséquilibre dangereux entre la production de cultures vivrières et la consommation quotidienne de la population ivoirienne. Le symbole de ce déséquilibre se trouve dans la progression vertigineuse de l'importation de riz.

Importations de riz (15)
(en millions de F CFA)

1975	1976	1977	1978	1979
216	371	8 622	9 389	14 255

Mais comment et pourquoi Houphouët et le P.D.C.I. peuvent-ils voler si impunément les paysans au risque de provoquer de graves déséquilibres économiques ? (16).

Il y a d'abord le fait que l'absence totale de vie démocratique a fini par donner aux princes qui nous gouvernent l'habitude d'agir à leur guise. Il n'existe aucun groupe de pression. Aucune presse, aucun parti d'opposition ne peut, en s'opposant à tel ou tel choix économique, attirer l'attention des gouvernants sur les dangers, ou même simplement les risques qu'il y a à s'engager dans telle ou telle voie.

Ensuite Houphouët exploite l'ignorance des paysans. Ils sont illettrés. Ils ne connaissent pas le mécanisme de fixation des cours des matières premières et il ne faut pas compter sur les médias du P.D.C.I. pour le leur ex-

(15) J'ai composé ce atbleau à partir de *La Côte-d'Ivoire en chiffres*, édition 1980-1981, p. 56.

(16) Une première alerte a été donnée en 1977. Pour la première fois, il y eut pénurie de riz dans les centres urbains ; les queues devant les magasins étaient impressionnantes.

pliquer. Ils ne soupçonnent même pas le circuit de commercialisation des cultures qu'ils produisent. D'autre part les paysans n'ont aucune organisation de type syndical pour prendre en main leurs intérêts. Aucune protestation ne peut donc s'élever sur le vol dont ils sont victimes. Face au P.D.C.I., le paysan ivoirien est sans défense.

Disons pour terminer un mot sur la Caisse de Stabilisation et de Soutien des Prix des Produits Agricoles (C.S.S.P.P.A.). Cette institution est devenue un véritable instrument de spoliation ; elle fait des recettes faramineuses sur le dos du paysan. Qu'on en juge en regardant ce tableau.

Recettes de la C.S.S.P.P.A.
(en millions de F CFA)

	1976-1977	1977-1978	1978-1979	1979-1980
Recettes sur le café	249 417	82 057	97 751	75 396
Recetes sur le cacao	153 151,936	114 282,944	115 774,750	65 416
TOTAUX	402 568,936	196 339,944	213 525,750	140 812

Ce tableau devient plus lumineux quand on jette un coup d'œil sur le graphique du différentiel pour la campagne café 1976-1977, établie par Marie-Noëlle Terpend (18) :

---

(17) J'ai confirmé ce tableau à partir des chiffres de Marie-Noëlle TERPEND, *La filière café, la filière cacao.*
(18) *Filière café,* document II, p. 76.

1 %	T.V.A.
4,1 %	Frais du torréfacteur
7 %	Frais + bénéfice de l'importateur
66,6 %	Bénéfice caisse de Stabilisation
2,4 %	Fret + assurance
6,4 %	Décortiquage Douane Transport routier
12,5 %	Prix au producteur

Mais à quoi utilise-t-on ces sommes énormes ainsi perçues ? En principe il est prévu que les recettes de la C.S.S.P.P.A. doivent aller pour 60 % dans un fonds de réserve destiné à soutenir les prix en cas de besoin ; pour 15 % au Budget Spécial d'Investissement et d'Equipement (B.S.I.E.) en vue de financer des opérations économiques ; pour 15 % également au B.S.I.E. en vue de financer des opérations à caractère social ; pour 10 % à la Banque nationale de Développement Agricole (B.N.-

D.A.) (19). 60 % + 15 % + 15 % + 10 %, cela fait 100 % des recettes de la C.S.S.P.P.A.

La gestion de la Caisse de Stabilisation étant faite de façon très opaque, nous ne possédons aucun moyen pour savoir si la répartition est effectuée chaque année dans les proportions indiquées. Mais déjà une telle répartition nous semble très suspecte. Entre autres questions, nous pouvons nous demander quel est le pourcentage affecté au fonctionnement d'un organisme aussi colossal que la C.S.S.P.P.A. Cet organisme trône dans un building de trente-deux étages à Abidjan ; il est composé de plusieurs services dont la direction, le secrétariat administratif, la direction des produits, la direction financière, la direction technique, la division de la production et des relations extérieures ; il possède des services aux ports d'Abidjan et de San Pedro ; il possède un bureau à New York (Ivory Coast Stabilisation Fund) et un à Paris (le bureau européen de la C.S.S.P.P.A.). Non, cette répartition est un maquillage.

Mais allons plus loin. J'ai sous les yeux deux documents très officiels publiés par le gouvernement ivoirien ; il s'agit de deux éditions successives de *La Côte-d'Ivoire en chiffres,* publication annuelle du ministère de l'Economie et des Finances ; la première édition est celle de *1979-1980,* la seconde celle de *1980-1981.* Au moment où ces deux éditions paraissent sur le marché (la première au cours de l'année 1981, la seconde au cours de l'année 1982), le budget ivoirien pour l'exercice 1979 a été entièrement exécuté depuis longtemps et tous les chiffres sont connus. Or en recherchant les traces de l'argent des paysans, donc en cherchant à saisir le niveau d'intervention de la C.S.S.P.P.A. dans le B.S.I.E., nous avons découvert des chiffres différents. Qu'on en juge par le tableau suivant.

---

(19) *Filière café,* document I, p. 87.

Ressources intérieures mobilisées par la Côte-d'Ivoire pour financer le B.S.I.E. (20) (en millions de F CFA)

	1979 (selon *La Côte-d'Ivoire en chiffres,* édition 1979-1980)	1979 (selon *La Côte-d'Ivoire en chiffres,* édition 1980-1981
B.S.I.E. - Trésor	87 963,7	63 563,7
B.S.I.E. - C.S.S.P.P.A.	64 905	69 585
Total ressources intérieures	152 868,7	133 148,7

L'espace de deux éditions, 24 400 000 000 F CFA se volatilisent du B.S.I.E.-Trésor tandis que le B.S.I.E-C.S.S.P.P.A. est regonflé de 4 680 000 000 F CFA. Et comme le B.S.I.E.-C.A.A. reste rigoureusement le même dans les deux éditions (il ne faut surtout pas manipuler les chiffres des emprunts extérieurs, les prêteurs pourraient se fâcher !), le B.S.I.E. général se trouve allégé de près de 20 milliards de francs CFA entre deux éditions ! En vérité, ces tripatouillages font que nul ne voit clair dans les comptes du pays ; nul ne sait à quoi est utilisé tout l'argent accumulé par la C.S.S.P.P.A. C'est pourquoi

(20) Les recettes du B.S.I.E. comprennent deux grandes rubriques, les ressources intérieures et les ressources extérieures.

I. les ressources intérieures
  1 — B.S.I.E. — Trésor (recettes fiscales, recettes et versements divers, emprunts intérieurs),
  2 — B.S.I.E. — C.S.S.P.P.A. (dotation annuelle de la caisse de stabilisation) ;

II. les ressources extérieures ou B.S.I.E.-C.A.A. ; c'est l'ensemble des emprunts extérieurs gérés par la Caisse Autonome d'Amortissement (C.A.A.) pour financer le B.S.I.E.

C'est la somme de I et de II qui constitue chaque année les recettes totales du B.S.I.E.

la rumeur publique raconte que la caisse de Stabilisation est une caisse noire mise à la disposition d'Houphouët pour construire son village de Yamoussoukro. Marie-Noëlle Terpend écrit d'ailleurs avec pudeur : « *Il semble également qu'une partie des bénéfices de la Caisse forme une "caisse noire" qui bouche les trous de l'économie ivoirienne et du budget de certaines personnes importantes en Côte-d'Ivoire* » (21).

Yamoussokro : le gâteau familial

Jusqu'en 1982, beaucoup d'agents de l'Etat ivoirien avaient droit à un logement administratif. Bénéficiaient surtout de ce droit au logement les assistants techniques, les enseignants du Secondaire et du Supérieur (les chercheurs sont assimilés aux enseignants du Supérieur), les militaires, les policiers et quelques hauts fonctionnaires de l'administration générale. Ces ayant-droit habitaient ou bien une maison appartenant déjà à l'Etat ou à un particulier auquel la LOGEMAD (22) payait le montant du loyer. Or dans le prolongement du « complot de février 1982 » Houphouët décide de supprimer ce droit, car prétend-il, cela coûte trop cher à l'Etat, et, en cette période de crise, il faut réduire les dépenses publiques. Bravo, Monsieur le président ! serions-nous tentés de crier. Seulement, là où le bât blesse, c'est que tous les ayant-droit ne sont pas concernés. D'une part les assistants techniques continueront d'être logés au frais de l'Etat ; d'autre part, la crainte du coup d'Etat étant le commencement de la sagesse, militaires et policiers continueront d'être logés au frais de l'Etat. En réalité, il ne s'agit là que d'une mesure destinée à punir les enseignants qui ne représentent pourtant que 14 % du montant total des baux administratifs...

Mais notre propos ici est de montrer que le système des baux administratifs profite surtout aux responsables

---

(21) *Filière café,* document I, p. 106.

(22) LOGEMAD : Service des logements administratifs. C'est un service public qui dépend du ministère de la Construction et de l'Urbanisme.

Propriétaire	N° compte bancaire	Loyer mensuel en F CFA	Nom de l'occupant	Etablissement de l'occupant
Kouakou Martin (23)	S.G.B.C.I. 311-011-560/48	300 000	Massey	E.N.S.T.P.
Houphouët-Faitai (24)		150 000	Gare Mohammed	E.N.S.T.P.
Kouassi N'Go	B.I.C.I.C.I. 9572-126-230-84	250 000	Cassam	E.N.S.T.P.
Kouassi N'Go	B.I.C.I.C.I. 9572-126-230-84	250 000	Topieu Alph.	E.N.S.T.P.
Konan Banny (25)	S.G.B.C.I. 311-010-318/67	250 000	Amon Mathias	C.F.P. (M.G.T.F.P.)
Konan Banny	S.G.B.C.I. 311-010-318/67	250 000	Dasse mercel	C.F.P. (M.G.T.F.P.)
Houphouët-Adjoua M.T.	S.I.B. 37-201-169 J	400 000	Coulibaly Nahoua	E.N.S.T.P.
Houphouët-Adjoua	S.I.B. 37-201-169 J	350 000	Inspection primaire	S/P
Marie Houphouët-Boigny		250 000	Dr Gouedert	Hôpital
Marie Houphouët-Boigny		250 000	U K	E.N.S.T.P.
Marie Houphouët-Boigny		250 000	Monte Tagand	E.N.S.T.P.
Marie Houphouët-Boigny		250 000	Niango	E.N.S.T.P.
Jérôme Houphouët-Boigny	S.I.B. 90-008-764 M	250 000	Blanchart	E.N.S.T.P.
Jérôme Houphouët-Boigny	S.I.B. 90-008-764 M	250 000	Dubois Yves	E.N.S.T.P.

Propriétaire	N° compte bancaire	Loyer mensuel en F CFA	Nom de l'occupant	Etablissement de l'occupant
Jérôme Houphouët-Boigny	S.I.B. 90-008-764 M	250 000	Phan Boy	E.N.S.T.P.
Jérôme Houphouët-Boigny	S.I.B. 90-008-764 M	250 000	Alimat J.-M.	E.N.S.T.P.
Cécile Houphouët-Boigny	S.I.B. 90-008-764 M	250 000	Trégouet	E.N.S.T.P.
Cécile Houphouët-Boigny	S.I.B. 90-008-764 M	250 000	Bissol	Lycée Filles
Cécile Houphouët-Boigny	S.I.B. 90-008-764 M	250 000	Vauthier	E.N.S.T.P.
Cécile Houphouët-Boigny	S.I.B. 90-008-764 M	250 000	Rivière	E.N.S.T.P.
David Houphouët-Boigny	S.I.B. 90-008-764 M	250 000	Orsat	E.N.S.T.P.
David Houphouët-Boigny	S.I.B. 90-008-764 M	250 000	Vuong	E.N.S.T.P.
David Houphouët-Boigny	S.I.B. 90-008-764 M	250 000	Hiver	E.N.S.T.P.
David Houphouët-Boigny	S.I.B. 90-008-764 M	250 000	Lavier	E.N.S.T.P.
Leatitia Houphouët-Boigny		250 000	Pelanchon	E.N.S.T.P.
Leatitia Houphouët-Boigny		250 000	Goubier	E.N.S.T.P.

du P.D.C.I. et à leurs familles. En effet, le prix des terrains à bâtir est très élevé en Côte-d'Ivoire ; en 1980 un terrain de 1 000 m^2 coûtait environ 3 500 000 F CFA à Cocody ; ce sont les hommes du pouvoir qui possèdent le plus grand nombre de terrains. La construction des villas revient également très cher ; ce sont les hommes du pouvoir qui possèdent donc le plus grand nombre de villas. Quelquefois même, certains responsables du P.D.C.I. s'approprient des terrains sans bourse délier tandis que quelques commerçants véreux leur « offrent » ciment et sable en échange de menus services. Ainsi, en tant que responsables de l'Etat, les princes qui nous gouvernent fixent des baux administratifs ; ensuite, en tant que particuliers, eux et les membres de leurs familles récupèrent l'argent ainsi versé par l'Etat.

Dans la ville de Yamousoukro, cette combine prend l'allure d'un véritable partage de gâteau familial. J'ai sous les yeux le document n° 024 DRCUY émanant de la Délégation régionale de Yamoussoukro pour la Construction et l'Urbanisme. Ce document, établi le 14 décembre 1981, dresse la liste nominative des propriétaires bénéficiant des loyers spéciaux à Yamoussoukro ; j'en donne un aperçu dans le tableau (pp. 142-143).

Ainsi donc, rien que pour le logement des enseignants de l'Ecole Nationale Supérieure des Travaux Publics (E.N.S.T.P.), la famille Houphouët reçoit, chaque mois, 6 700 000 F CFA (soit 134 000 FF) de l'Etat ivoirien. Merci, papa Houphouët, pour tout ce que tu fais pour la famille !

Mais ces vols prennent des allures telles que nous ne pouvons pas toujours les vérifier. Quelquefois, l'attention du citoyen est alertée au détour d'un discours ou d'une lecture. A titre d'exemple, en 1977, Houphouët-Boigny lance une campagne contre la corruption. Il dénonce la mauvaise gestion de ses ministres et les surfacturations honteuses qui ont eu lieu lors des négociations pour la construction de trois complexes sucriers. L'opinion publique croit comprendre que ces critiques visent Henri Konan Bédié, le tout-puissant ministre de l'Economie et des Finances. Cette impression se confirme quand, le

---

(23) Kouakou Martin : parent du chef de l'Etat, maire de Yamassoukro.

(24) Houphouët-Faitai : sœur aînée du chef de l'Etat.

(25) Konan Banny : neveu d'Houphouët, ministre de la Défense.

20 juillet 1977, le chef de l'Etat remanie son gouvernement : Konan Bédié fait partie des ministres limogés. Mais aucune accusation précise n'a été portée contre personne. Au VIIe Congrès du P.D.C.I., en septembre 1980, Houphouët-Boigny précise, toujours sans citer de nom, que les surfacturations sur les complexes sucriers se sont élevées à 34 milliards de F CFA (soit 680 000 000 FF) : « *Je citerai un chiffre : ayant fait contrôler trois de ces complexes par des experts indépendants, il a été constaté 34 milliards de surfacturations. Tout cela a encore contribué au surendettement que nous déplorons* » (26).

Et comme c'est l'humeur du chef qui tient lieu de justice républicaine, aucun procès n'a jamais eu lieu pour que l'on sache exactement à quel niveau se situent les responsabilités.

Signalons un autre fait curieux pour terminer. La très officielle publication du gouvernement ivoirien, *La Côte-d'Ivoire en chiffres,* dresse dans son édition 1980-1981, une liste des prêts et conventions signés du 1er janvier 1978 au 31 décembre 1978 (dette publique gérée par la Caisse Autonome d'Amortissement). Nous lisons sur cette liste que le 20 février 1978, le Marché Hospitar-Latino Consult a fait à la Côte-d'Ivoire, pour la reconstruction de l'Hôpital Central du Plateau, un prêt d'un montant de 34 618 000 dollars U.S., soit 7 459 486 640 F CFA, soit 149 189 732,80 FF (27). Or... cet hôpital n'a jamais été reconstruit et il y a cinq ans que le prêt est accordé !!!

---

(26) *VIIe Congrès du P.D.C.I.*, Fraternité-Hebdo Editions, Abidjan, 1980, p. 121.

(27) *La Côte-d'Ivoire en chiffres,* édition 1980-1981, p. 76.

4

Pour une alternative démocratique en Côte-d'Ivoire

Après avoir fait le bilan d'un quart de siècle d'assujettissement et de pillage de notre pays par Houphouët-Boigny et ses acolytes, je m'adresse maintenant à tous les Ivoiriens et leur demande de rejoindre les rangs de ceux qui luttent depuis des années pour la dignité de notre peuple et le salut de notre patrie en déperdition. A tous mes compatriotes qui veulent voir une Côte-d'Ivoire debout, grande et fière, je dis : l'heure est venue de discuter, de s'entendre sur des objectifs clairs et précis, de se rassembler. L'heure a sonné de se serrer les coudes pour dévaler la dernière pente. Il est temps de former une cohorte compacte pour chasser les imposteurs et faire naître notre pays à la vie démocratique, au multipartisme. Depuis quelques années, j'ai engagé dans ce sens des discussions sur une vaste échelle en vue de rassembler au sein d'une large Union démocratique tous ceux qui sont partie prenante dans la bataille en cours entre l'oppression et la liberté, entre le pillage organisé et la justice sociale. Ces discussions, entrées aujourd'hui dans leur phase ultime, se déroulent en Côte-d'Ivoire et très bientôt elles aboutiront à la publication d'un programme précis de gouvernement et la mise sur pied d'un grand parti qui aura pour tâche essentielle d'opérer le redressement de notre pays.

Pour l'heure, j'expose ici les grandes lignes des débats actuellement en cours pour que le pays soit informé de nos intentions et puisse discuter à temps de nos orientations.

Au plan politique

1) *Pourquoi assignons-nous comme objectif principal à notre lutte la conquête de la démocratie ?* Cette question, certains Ivoiriens de bonne foi, qui ont cru à la farce houphouétiste de 1980, se la posent. Ils nous faut donc expliquer ce qui s'est passé en 1980 et exposer nos vues.

Au Conseil national du P.D.C.I. qu'il réunit le 12 juin 1980, Houphouët-Boigny déclare que le train de la démocratie s'est arrêté quelque part et qu'il faut le remettre sur les rails. Il précise sa pensée :

> « *Les Comités (P.D.C.I.) de villages et de quartiers seront élus de façon démocratique, sous la présidence du préfet et du sous-préfet ou de leurs représentants. Ceux-ci n'engageront pas leur carrière administrative à soutenir tel ou tel candidat.*
>
> *Les secrétaires généraux seront élus par les comités de villages ou de quartiers à la sous-préfecture ou à la sous-section.*
>
> *"Une fois les secrétaires généraux élus, nous passerons au Congrès" a dit le chef de l'Etat qui a déclaré qu'il y présentera son rapport moral d'orientation.*
>
> *Les élections présidentielles suivront immédiatement. Elles seront distinctes des élections législatives. Il n'y aura plus de liste nationale pour les législatives. Notre peuple est majeur et doit prouver sa maturité politique en faisant le bon choix.*
>
> *Tous ceux qui seront élus siégeront à l'Assemblée nationale en tant que députés du P.D.C.I.-R.D.A. (...) Le nombre des députés passera de cent vingt à cent quarante-sept.*
>
> *Après les législatives, auront lieu les élections municipales, dans les mêmes conditions que celles du Parlement. Ce sera le libre choix. Il n'y aura pas de recommandation du Bureau politique* » (1).

Un député du P.D.C.I. que je rencontrai le lendemain de cette réunion me confia, aigri, qu'Houphouët-Boigny avait mis toutes les places aux enchères sauf la sienne. C'était vrai. Mais allons plus loin que cet houphouétiste

(1) *Fraternité-Matin* du vendredi 13 juin 1980, p. 19.

aigri et analysons la situation ainsi créée. Il nous faut, en la circonstance distinguer deux types d'élection : les élections internes au P.D.C.I. et les élections nationales. Le signe d'égalité malhonnêtement établi entre la citoyenneté ivoirienne et l'appartenance au P.D.C.I. a conduit les dirigeants de ce parti, Houphouët en tête, à faire un amalgame inacceptable entre ces deux types d'élections qui n'ont rien à voir l'un avec l'autre. Faisons le point.

— Les élections des comités P.D.C.I. des villages et des quartiers, l'élection des secrétaires généraux des sections P.D.C.I., sont des élections internes au P.D.C.I. ; elles ne concernent que le fonctionnement de ce parti. Les citoyens qui ne se sentent pas concernés par la vie du P.D.C.I. ne se sentent évidemment pas concernés par ces élections. Or à travers le monde, les partis ont toujours eu le choix entre plusieurs solutions pour la désignation de leurs cadres aux différents échelons de leurs organisations. Entre 1960 et 1980, Houphouët nommait directement les cadres du parti à tous les échelons. A partir de 1980, la poire est coupée en deux ; Houphouët continue de nommer directement les militants devant siéger dans les instances supérieures du parti, à savoir les membres du Comité exécutif (cette instance remplace désormais le Secrétariat général), du Bureau politique et du Comité directeur ; quant aux cadres régionaux (secrétaires généraux de sections, présidents de comités de villages et de quartiers), la direction du parti fait désormais confiance aux militants de base (malhonnêtement confondus avec le peuple) pour les désigner ; et cela fut fait effectivement. En observateur extérieur, nous pensons que l'année 1980 a marqué le début d'une mutation dans le fonctionnement interne du P.D.C.I., *mais uniquement pour ce qui concerne le choix des cadres régionaux.* Si l'on veut étudier de façon correcte la démocratisation au sein du P.D.C.I., il faudrait aussi aborder tous les problèmes inhérents à la ligne du parti. Quelle est-elle ? Au niveau de quelle instance est-elle définie ? Quelles sont sur elle les influences respectives des cadres régionaux élus par la base et celles des cadres nommés dans les instances supérieures par un président inamovible, etc. Mais toutes ces préoccupations ne rentrent pas dans notre propos.

— Les élections des conseils municipaux, des députés et du président de la République sont des élections qui sortent du simple cadre d'un parti quel qu'il soit et qui concernent l'ensemble des citoyens de notre pays (2). C'est au déroulement et au résultat de telles élections qu'on peut se rendre compte si un pays a un régime démocratique. Or que se passa-t-il en Côte-d'Ivoire en 1980 ? Houphouët fut très clair ; dans son discours que nous avons cité plus haut, puis dans son intervention au VIIe Congrès du P.D.C.I., il délimita le champ de bataille : d'une part ce sont les militants du P.D.C.I. qui vont avoir à choisir les responsables à tous les niveaux (conseillers municipaux, députés), d'autre part tous les élus sont d'office des élus du P.D.C.I. étant donné que dans sa tête tous les citoyens sont de son parti : « *Ce Congrès reconnaît aux militants le droit de choisir librement tous les élus, à tous les niveaux. Ce sont les élus du P.D.C.I.-R.D.A. au service du peuple et du parti qui en est l'expression* » (3).

Le message, plusieurs fois répété sous toutes formes par les médias ivoiriens, était clair. « Non — P.D.C.I. = s'abstenir. » Dès cet instant les résultats étaient connus d'avance, comme par le passé.

a) Au niveau des présidentielles d'abord. Avant 1980, Houphouët était toujours candidat unique et était élu avec 99,99 % des voix. En 1980, il était candidat unique et fut élu avec 99,99 % des voix (il faudrait lancer une opération de recherches pour découvrir l'origine des 0,01 % des voix qui manquent à l'appel tous les cinq ans et qui nuisent à l'image de marque de notre chef bien-aimé). Mais les présidentielles de 1980 connurent tout de même une innovation : il y eut une arrestation pour cause de candidature. En effet, un citoyen ivoirien nommé Gbaï Tagro Robert, fonctionnaire au ministère du Travail, fit acte de candidature aux élections présidentielles. Le 26 août il fut arrêté et enfermé à la prison de la Sûreté nationale. Libéré le 10 septembre, il est mis à la retraite anticipée le lendemain (il était âgé de trente-cinq ans !) et assigné à résidence dans son village natal.

---

(2) Il est évident que les élections municipales ont un caractère local et ne concernent pas directement la vie politique nationale comme les législatives ou les présidentielles ; j'ai toutefois classé ces trois élections sous la même rubrique pour souligner ce qu'elles ont en commun : leurs résultats influent sur la vie d'hommes qui n'ont pas forcément la même sensibilité politique contrairement à des élections qu'un parti peut organiser pour le renouvellement de ses instances.

(3) *VIIe Congrès du P.D.C.I.*, p. 118.

Quelque temps après, il fut de nouveau arrêté et au moment où je quittais la Côte-d'Ivoire (mars-avril 1982) il était enfermé au camp militaire de Séguéla.

b) Au niveau des législatives ensuite. Avant 1980, tout le monde savait, et cela sans recourir à aucun institut de sondage, que le P.D.C.I. « enlèverait » 100 % des sièges à l'Assemblée nationale ; on n'avait pas besoin d'attendre le déroulement des opérations de vote. En 1980, tout le monde savait avant même que les élections ne se déroulent, que le P.D.C.I. « enlèverait » 100 % des sièges à l'Assemblée nationale. Dans le fond rien n'a donc changé. Mais les législatives de 1980 connurent tout de même cinq innovations :

— le nombre des députés passa de 120 à 148 ; mais cette innovation n'en est pas vraiment une car Houphouët nous a habitués à augmenter le nombre des députés tous les cinq ans ;

— pour la première fois depuis l'Indépendance, le gouvernement fixa le nombre des circonscriptions électorales et en délimita les contours de façon précise ; aujourd'hui chaque député sait de quelle circonscription il est l'élu, ce qui n'était pas le cas auparavant (4) ;

— pour la première fois depuis l'Indépendance, les députés ne doivent plus leur présence à l'Assemblée à la seule volonté d'Houphouët. Avant 1980 en effet c'est Houphouët qui établissait tous les cinq ans la liste de ceux qui devaient siéger à l'Assemblée ; en 1980, il fut demandé aux habitants de chaque circonscription électorale, abusivement confondus avec les militants du parti unique, d'envoyer à l'Assemblée des députés P.D.C.I. Si aujourd'hui les députés doivent encore obéissance et soumission à Houphouët, c'est parce que, étant des militants du P.D.C.I., ils doivent obéissance et soumission au président du parti unique ; ce n'est plus parce qu'ils ont été nommés par lui ;

— pour la première fois depuis l'Indépendance, il y eut effectivement vote, dans les circonscriptions, entre plusieurs candidats. Mais comme ces candidats étaient tous tenus de se réclamer du P.D.C.I. et de son chef, ils ne pouvaient exposer de programmes différents. Il n'y

(4) Dans la plupart des cas, les limites d'une circonscription électorale se confondent avec les limites d'une sous-préfecture.

eut donc pas de débats politiques, mais des combines électorales allant souvent jusqu'aux bassesses les plus ignobles.

c) Au niveau des municipales enfin. Avant les élections municipales de 1980, tout le monde savait que le P.D.C.I. « enlèverait » 100 % des sièges des conseils municipaux dans toutes les communes ; ce qui fut fait. Mais ici aussi les innovations furent nombreuses :

— avant 1980, il n'y avait que deux communes de plein exercice en Côte-d'Ivoire : Abidjan et Bouaké. Partout ailleurs la gestion municipale était confiée à l'autorité administrative, le sous-préfet ou le préfet. En 1980, les élections municipales portèrent sur trente-sept communes de plein exercice sur l'ensemble du territoire (5) ;

— les dernières élections municipales en Côte-d'Ivoire remontaient à 1956 ; depuis cette date les conseils municipaux d'Abidjan et de Bouaké ont fonctionné sans qu'on ne les renouvelle jamais. Les élections municipales de 1980 furent donc les premières depuis l'Indépendance de la Côte-d'Ivoire ;

— des listes concurrentes furent effectivement soumises au choix des électeurs. Mais là aussi, comme tous les candidats étaient tenus de se réclamer du P.D.C.I. et de son chef, il n'y eut aucun débat politique.

Au regard de tous ces constats, nous disons qu'en 1980, il n'y a pas eu de démocratisation de la vie politique nationale en Côte-d'Ivoire. Depuis 1957, date à laquelle le P.D.C.I. a accédé au pouvoir, ce parti a affirmé avec une constance remarquable sa prétention à régner sans partage sur la vie politique nationale et à exclure du débat politique toutes les autres sensibilités. Cet axiome de base, cet axiome fondamental n'a pas été remis en cause en 1980. Vingt ans après la proclamation de l'Indépendance, l'empereur sans couronne a tout simplement décidé de changer le mode de désignation des députés et des conseils municipaux, ce changement n'affectant en rien l'exercice du pouvoir personnel illimité d'Houphouët-Boigny, ni l'omniprésence du P.D.C.I. en tant que parti unique.

---

(5) La Ville d'Abidjan fut divisée en dix communes de plein exercice, avec au-dessus des dix communes un maire du Grand Abidjan.

La démocratie suppose la reconnaissance du droit à la différence. En effet, par leurs origines sociales, par leurs éducations, par leurs formations, par les positions qu'ils occupent dans l'appareil de production, par leurs intérêts individuels et collectifs, etc., les citoyens jettent forcément des regards différents sur la société dans laquelle ils vivent et conçoivent ainsi des projets différents pour l'avenir de leur pays. Et ce sont la rencontre, le croisement, le choc, le jeu de ces différences qui font la grandeur, la puissance d'un pays, la richesse créatrice d'un peuple. Vouloir gommer artificiellement ces différences en mettant en œuvre des méthodes de coercition morales et physiques, c'est choisir la voie de la dictature. Face à la dictature, je dis non.

La démocratie, c'est aussi un acte d'humilité. C'est la prise en compte de la relativité des intelligences individuelles et des doctrines. C'est le respect accordé à ses concitoyens. Etre démocrate, c'est reconnaître qu'on a ni le monopole de la vérité, ni le monopole de la sagesse, ni le monopole de l'amour de son pays. De ce point de vue, alors que le choix de la dictature est toujours un acte de facilité et une marque de manque de confiance en soi-même et dans le peuple, un acte de peur et de fuite en avant, la démocratie est au contraire un acte de grandeur, de confiance et de clarté. Le choix démocratique est la pleine conscience du fait que la politique que l'on mène peut être erronée, ou peut être jugée comme telle.

La démocratie, c'est aussi l'éducation politique du peuple. Bien sûr, cette éducation politique a toujours des limites et les quelques pays que nous avons visités nous ont instruit à cet égard. Mais on ne peut pas demander à quelqu'un de jeter un bulletin dans une urne alors qu'il ne sait même pas ce à quoi il s'engage. L'éducation politique d'un peuple se fait par le développement public des idées contradictoires, par l'exposé de plusieurs voies possibles pour résoudre les problèmes nationaux. Ce sont les informations contradictoires, et par là même complémentaires, qui peuvent permettre à notre peuple de se former politiquement et de choisir une politique conforme à ses intérêts. La démocratie responsabilise alors que la dictature assujettit. De ce point de vue, le débat démocratique fait apparaître des hommes politiques alors que la dictature engendre des courtisans. Sans débat politique, un vote est un viol.

La démocratie c'est la suppression de la peur au quotidien, la fin de la délation permanente, la fin de la toute-puissance des secrétaires généraux du P.D.C.I. qui écrivent à tort et à travers des rapports sur leurs concitoyens ; c'est la réhabilitation de la justice républicaine. La démocratie, c'est la fin des arrestations arbitraires. C'est la fin de l'auto-censure, la suppression des tabous en matière politique. C'est donc le plein épanouissement moral des individus et de la collectivité.

La démocratie c'est la naissance à une vie légale. J'ai déjà indiqué l'implication heureuse qu'une vie légale peut avoir sur l'existence des citoyens qui n'auront plus à craindre d'être incarcérés arbitrairement, au gré de l'humeur d'un homme. La Côte-d'Ivoire a une Constitution. Elle n'est pas très bonne. Mais elle a au moins l'avantage d'exister. Or cette Constitution qui a été écrite et adoptée par le P.D.C.I. n'est même pas respectée par lui. En son article 7 la Constitution de Côte-d'Ivoire reconnaît l'existence de « *partis et groupements politiques* » ; j'ai montré plus haut le sort qui a été réservé à tous ceux qui ont voulu créer des partis. En son article 6 la Constitution met hors la loi ceux qui font une « *propagande particulariste de caractère racial ou ethnique* » ; j'ai montré comment lors de l'affaire du Sanwi, de l'affaire Gnagbé et du « complot de février 1982 », Houphouët et le P.D.C.I. ont mobilisé tous les médias du pays pour lancer l'anathème et jeter le discrédit sur telle ou telle ethnie. En son article 3, la Constitution proclame que la « *souveraineté apportient au peuple* » et précise qu'« *aucune section du peuple ni aucun individu ne peut s'en attribuer l'exercice* » ; or depuis l'Indépendance Houphouët s'attribue cette souveraineté du moment que, dans sa tête, le P.D.C.I. c'est le peuple et que lui Houphouët est le « Père de la Nation ». Non, il faut que la Côte-d'Ivoire naisse à la vie légale.

La Côte-d'Ivoire est un pays sous-développé. Il nous faut donc nous battre contre cette situation que nous ne considérons ni comme une malédiction, ni comme une fatalité. Or l'histoire nous enseigne qu'aucun peuple asservi ne peut faire face efficacement aux défis de l'humanité sans avoir au préalable briser ses chaînes. Le sous-développement dans la servitude accentue le sous-développement. Nous savons bien que la démocratie n'est pas un remède miracle qui va résoudre par enchantement tous nos problèmes. Mais elle constitue un préalable indispensable. Nous avons une agriculture à repenser pour sortir des pièges que nous a légués l'ère coloniale ; nous avons une politique énergétique à mettre en place et à mener avec constance et raison de façon à créer les conditions d'une industrialisation véritable sur l'ensemble du territoire national ; nous avons à redéfinir le rôle de l'école et l'orientation de la médecine ; en somme nous avons à combattre la faim, la maladie, l'ignorance, la rigueur du marché international et l'appétit vorace des impérialismes ; bref, nous avons un pays à bâtir. Et cette tâche n'est pas au-dessus de nos forces. L'exécution d'une œuvre aussi gigantesque que la construction nationale exige que chacun se sente concerné ; il faut pour cela que les Ivoiriens soient impliqués dans un débat politique national, qu'ils aient une prise quelconque sur les choix fondamentaux de leur pays ; qu'ils sachent qu'ils ne sont pas des robots à qui l'on demande de produire, rien que de produire, sans savoir à quoi (ou à qui) cela sert de produire. Il faut responsabiliser nos concitoyens depuis les paysans jusqu'aux plus hauts responsables de l'administration en passant par les ouvriers et les cadres du secteur privé. Une telle mobilisation implique que les Ivoiriens fassent consciemment et librement le choix d'une politique. A ce niveau, la liberté n'est plus simplement un concept moral ni une donnée politique ; la liberté est le levier le plus puissant du développement économique.

Résumons-nous sur ce point. Le P.D.C.I. a confisqué aux Ivoiriens leur liberté en prétendant mobiliser notre peuple pour le développement. Le résultat de cette politique est que le pays demeure pauvre sans que les citoyens aient la liberté. Le développement ne mérite pas qu'on lui sacrifie ce qu'il y a de plus sacré dans notre société : l'homme. C'est pourquoi nous nous battons pour la naissance de la Côte-d'Ivoire à une vie démocratique. Le multipartisme présente à nos yeux trois avantages majeurs pour notre pays :

— la garantie de la liberté pour tous et pour chacun, le respect de chaque citoyen dans ses convictions philosophiques et politiques les plus profondes. Aujourd'hui Houphouët invente des « complots » dès qu'il est en difficulté et exerce une répression d'autant plus douloureuse à supporter qu'elle est ignorée du reste du monde. Au moment où nous écrivons ces lignes, le vieux dictateur a mis en route un nouveau « complot » ; il prétend avoir découvert, par des « aveux » d'un repenti, une « *organisation d'enseignants décidée à détruire le régime, à déstabiliser le pays* », et déjà, avant même qu'aucune instance judiciaire n'ait été saisie, il menace d'opérer des arrestations (6). On connaît ce scénario. On en connaît aussi — hélas — les conséquences. Nous croyons, nous, en la justice républicaine. Nous pensons que tout citoyen, accusé d'un forfait quelconque, doit passer devant les tribunaux qui doivent travailler avec toutes les garanties d'indépendance et d'équité. Nous nous battons pour le multipartisme car nous ne voulons plus voir un parti unique se transformer en inquisiteur, en juge et en bourreau ;

— la possibilité pour le Parlement, les syndicats, les partis d'opposition, les citoyens, d'exercer un contrôle sur la gestion de l'Etat. Ce contrôle doit viser d'abord à assainir les finances publiques. Il est quand même ahurissant d'entendre un chef d'Etat dire que ses collaborateurs pillent les caisses de l'Etat, mais qu'il ne peut les traduire en justice faute de preuves (7) ;

— l'évolution des mœurs politiques et une plus grande prise de conscience du fait national. Nous pensons en effet qu'un débat politique permanent et ouvert, avec des options clairement définies et exposées, peut permettre aux Ivoiriens de dépasser un mal aussi anachronique que le tribalisme. Il s'agit pour notre peuple de relever là un défi du P.D.C.I. qui, non content de pratiquer le clientélisme et le népotisme, fait de la tribalisation des problèmes nationaux la pierre angulaire de sa politique intérieure.

2) *Les structures de l'Etat.* Laurent Dona Fologo, membre du Comité exécutif du P.D.C.I., ministre de la Jeunesse, de l'Education populaire et des Sports, n'a pas craint de proclamer : « *Le P.D.C.I. c'est la Côte-d'Ivoire, et la Côte-d'Ivoire c'est le P.D.C.I., et c'est Houphouët-Boigny pendant et après Houphouët-Boigny* » (8).

Voilà le genre de phrase qui justifie toutes les forfaitures dans les régimes dictatoriaux. En une seule

---

(6) « Les "aveux" d'un subversif », in *Jeune Afrique*, n° 1167 du 18 mai 1983, p. 31.

(7) *Fraternité-Matin* du mercredi 27 avril 1983.

(8) *Fraternité-Hebdo*, n° 1233, du jeudi 16 décembre 1982, pp. 18-19.

phrase, ces messieurs gomment toutes les institutions de l'Etat pour les remplacer par le bon vouloir du « Père de la Nation ».

Nous disons non à cette conception de l'histoire et des institutions de l'Etat. Il faut que les représentants du peuple et les responsables de l'Etat bénéficient de la légitimité populaire. Le souverain c'est le peuple de Côte-d'Ivoire et c'est à lui qu'il revient de choisir, à intervalles réguliers, une politique et des hommes pour la mettre en application. Il faut désormais que soit bannie et honnie l'image du chef d'Etat choisissant lui-même les députés.

Il faut que la justice soit une pour l'ensemble du pays. Cela suppose une égalité de tous devant la Loi sur la base de textes qui existent. L'Etat doit organiser l'accessibilité à la justice. Dans un pays pauvre comme le nôtre, cela signifie que les plus démunis doivent bénéficier automatiquement d'une assistance judiciaire, sinon la notion même de justice devient un vain mot. Aujourd'hui le président de la Cour Suprême est membre du P.D.C.I., parti unique. Cet amalgame doit cesser. Il faut séparer les responsabilités politiques et judiciaires.

Mais allons plus loin. L'on ne peut prétendre introduire la démocratie dans un pays en se contentant d'appeler les gens à voter de façon cyclique. Il faut que cette démocratie soit diffusée à tous les niveaux et qu'elle soit vécue au quotidien. Il faut donc décentraliser hardiment les responsabilités de l'Etat de sorte que les citoyens aient une prise réelle sur les décisions qui les concernent directement. Je propose pour ce faire que la Côte-d'Ivoire soit divisée en quatre ou cinq grandes régions administratives. Chacune de ces régions devrait être dotée de structures décentralisées : une assemblée régionale et un gouvernement de région. La loi doit définir les compétences relevant de l'Etat et celles qui sont du domaine des régions. Par exemple, les grandes orientations de la politique nationale doivent revenir à l'Etat : la défense, la monnaie, la politique extérieure, la politique éducative, la politique énergétique et l'industrialisation... Aux régions doivent revenir les modalités pratiques d'application des politiques nationales ; à titre d'exemple, je pense que les régions doivent avoir des compétences étendues en matière d'habitat, de lutte contre l'analphabétisme et les endémies, etc. De toutes les façons le plan doit être l'instrument privilégié de l'articulation entre l'Etat et les différentes régions. Cette politique de décentralisation devrait nous permettre de responsabiliser les citoyens et de sortir de la situation actuelle où tout dépend d'Houphouët-Boigny, de sorte que quand il est absent, la vie administrative du pays est paralysée. D'autre part, chaque région a des spécificités qui sont d'ordres culturel, économique, psychologique ; bâtir une nation, ce n'est pas gommer ces différentes spécificités, c'est au contraire s'appuyer sur elles et faire en sorte qu'elles interfèrent harmonieusement.

3) *Les organisations de masse. — Les ouvriers.* La règle du P.D.C.I. est qu'il faut absolument le calme dans les entreprises pour que les investisseurs étrangers continuent d'affluer. Fort de ce prétexte, ce parti embrigade les ouvriers dans une centrale unique, l'U.G.T.C.I., évidemment à la solde du pouvoir. Nous pensons quant à nous que l'entreprise n'est pas seulement un lieu de travail pour l'ouvrier. La plus grande partie de sa vie se déroule en fonction d'elle. Le droit de discussion et de revendication doit lui permettre d'améliorer ses conditions d'existence. En l'absence d'une législation cohérente, c'est l'arbitraire le plus absolu : patrons, inspecteurs du travail et responsables de l'U.G.T.C.I. forment souvent un bloc contre les travailleurs. De sorte que ceux-ci sont obligés de recourir à des grèves sauvages, très dures et très sévèrement réprimées.

Il faut absolument changer cette situation. Il faut que les ouvriers créent d'eux-mêmes les organisations syndicales qui correspondent à leurs besoins et adhèrent aux centrales de leur choix. La loi doit leur garantir cette liberté. Nous pensons que mieux l'ouvrier sera protégé par la loi, mieux il participera à la production.

— *Les femmes.* Elles sont soumises à une double pression idéologique qui les disqualifie malgré leur rôle fondamental dans la production : l'idéologie traditionnelle africaine et l'idéologie bourgeoise occidentale venue avec la colonisation. Il leur revient de s'organiser de façon autonome pour poser les problèmes qui les concernent au lieu qu'on les embrigade, comme c'est le cas aujourd'hui, dans l'A.F.I. (Association des Femmes Ivoiriennes), association unique du parti unique. Il faut cesser de chercher sans cesse à parrainer les femmes.

— *Au niveau de la jeunesse,* deux directions de travail s'imposent : la formation scientifique et technique pour aborder les défis du futur ; la formation politique pour que la jeunesse, avenir du pays, ait une claire conscience des responsabilités qui sont les siennes dans la construction nationale.

Sur le premier point, le P.D.C.I. a été obligé de faire, vingt-six ans après son arrivée au pouvoir, un constat d'échec. D'une part le système éducatif, hérité de la période coloniale, n'a jamais été repensé fondamentalement pour répondre aux besoins d'une jeune Nation en formation ; d'autre part les goulots d'étranglement intolérables et la mauvaise gestion du marché du travail rejettent chaque année dans le chômage des centaines de jeunes Ivoiriens sans qualification professionnelle, donc sans avenir, tandis que l'on continue à faire venir à grands frais, de l'étranger, des cadres pour l'administration et le secteur para-public ; enfin un mimétisme de mauvais aloi a fait que Houphouët s'est lancé, malgré l'avis unanimement défavorable de tous les corps enseignants, dans une opération aussi ruineuse pour les caisses de l'Etat qu'inefficace. Après douze ans d'une formation au rabais de cette « télévision éducative », l'Etat vient de mettre fin à cette expérience en nous laissant sur les bras douze promotions d'enfants mal préparés à entrer dans l'enseignement secondaire et supérieur. C'est plus tard que nous en ressentirons les douloureuses conséquences.

Sur le second point, l'avènement du multipartisme mettra fin à l'existence de groupuscules comme le M.E.E.-C.I., liés au parti unique, qui avilissent, abrutissent et humilient notre jeunesse en développant en elle l'esprit courtisan, la corruption, et en émoussant son esprit critique et sa combativité. Les jeunes seront acteurs et bénéficiaires du débat démocratique. Ils pourront ainsi susciter eux-mêmes des organisations de masse qui leur soient propres et adhérer, chacun, au parti politique de son choix. En tout cas, nous devons nous battre pour que les jeunes de demain soient mieux préparés aux tâches politiques que nous ne l'avons été nous-mêmes.

— *La paysannerie.* Malgré l'importance de l'exode rural, la campagne renferme encore aujourd'hui la plus grande partie de la population ivoirienne et la paysannerie continue d'être la locomotive essentielle de l'économie ivoirienne. D'autre part au temps de la lutte anticoloniale, les paysans se sont dressés, se sont battus et ont offert leurs poitrines nues aux balles assassines pour appuyer les justes réformes alors réclamées par le P.D.C.I.

Mais ceux qu'ils ont hissés au pouvoir leurs ont confisqué la parole et aujourd'hui la paysannerie est la grande muette de la société ivoirienne. Il faut que cette situation change radicalement et que les sans-voix recouvrent leur droit inaliénable à la parole. Il y a pour cela deux axes complémentaires :

a) *les assemblées régionales* doivent être le lieu privilégié d'expression des paysans. Cela ne signifie pas qu'ils ne peuvent accéder à d'autres fonctions dans la hiérarchie de l'Etat ou siéger à d'autres instances élues (conseils municipaux, Assemblée nationale, etc) ; mais je veux souligner qu'il nous faudra veiller à ce que les assemblées régionales ne deviennent pas les repaires d'Abidjanais en mal de postes, venant de temps en temps dans leurs régions d'origine « parler au nom des paysans » qu'ils ne connaissent d'ailleurs pas souvent. Les paysans sont des hommes responsables ; le reconnaître c'est seulement mettre sa pendule à l'heure. Parce qu'ils ont été capables d'offrir leurs vies pour la conquête de la liberté, nous devons leur reconnaître la capacité et le droit de discuter de l'amélioration de leur cadre de vie ;

b) *les organisations professionnelles* ; en Côte-d'Ivoire il n'existe aucun syndicat, aucune organisation professionnelle au niveau de la paysannerie. Cette situation fait des paysans des victimes sans défense : spoliés par l'Etat-P.D.C.I. qui leur soutire quelquefois jusqu'à 85 % de leur revenu annuel au profit de la Caisse de Stabilisation, ils sont en outre arnaqués par des traitants et sous-traitants sans scrupules. Parce que ce sont eux qui depuis 1920 tiennent à bout de bras l'économie ivoirienne, nous devrons reconnaître aux paysans le droit de défendre leurs professions.

Au plan économique

La dette extérieure

En 1980 la dette publique de la Côte-d'Ivoire était de 4 267 000 000 de dollars U.S. (9), soit environ, sans tenir

(9) *Libération-Afrique*, n° 15-16, janvier 1983, p. 26.

compte de la flambée du dollar, 1 066 750 000 000 de F CFA. La même année, la somme des trois budgets de la Côte-d'Ivoire (budget de fonctionnement, budget spécial d'investissement et d'équipement, budgets annexes) n'était que de 660 648 000 000 F CFA.

Cette dette publique extérieure a évolué de la façon suivante (10) :

1975	326 839 000 000 F CFA
1976	518 525 000 000 F CFA
1977	927 275 000 000 F CFA
1978	968 619 000 000 F CFA

En 1980, notre pays était un peu moins endetté que le Zaïre (4,5 milliards de dollars U.S.) ; en revanche, nous étions plus endettés que l'ensemble des six pays africains suivants : Madagascar, Haute-Volta, Mali, Niger, Sénégal et Togo ; ces six pays africains totalisaient une dette publique extérieure de 4,198 milliards de dollars U.S. (11). En 1982, notre dette extérieure atteignait le chiffre de 8 milliards de dollars U.S. (12), soit au taux moyen de 7 FF (350 F CFA) le dollar, 2 800 milliards de francs CFA. Cet endettement excessif n'a cessé d'inquiéter la Banque Mondiale ; en 1973, cette institution écrivait dans son rapport n° AW-28 a que *« le service de la dette ivoirienne qui absorbe actuellement 45 % de l'épargne publique pourrait en absorber les 96 % en 1980 » !!!*

Nous sommes donc excessivement endettés. Mais ces sommes colossales que nous empruntons ainsi et qui pèsent lourdement sur les portefeuilles des contribuables, ne servent pas toujours à financer les dépenses de développement. Nous avons déjà signalé que le 20 février 1978, le Marché Hospitar-Latino Consult a fait à la Côte-d'Ivoire un prêt de 7 459 486 640 F CFA pour la reconstruction de l'Hôpital d'Abidjan-Plateau (13) ; la somme s'est volatilisée et l'hôpital n'a jamais été reconstruit (14) ; nous avons aussi signalé le vol de 34 milliards de F CFA perpétré lors de la construction des complexes sucriers (15)...

---

(10) *La Côte-d'Ivoire en chiffres*, édition 1980-1981, p. 44.
(11) *Libération-Afrique*, n° 15-16, p. 26.
(12) *Le Canard enchaîné*, n° 3264 du 18 mai 1983.
(13) *La Côte-d'Ivoire en chiffres*, édition 1980-1981, p. 76.
(14) Voir chapitre III.
(15) Voir chapitre III.

De sorte que plus le pays s'appauvrit plus les responsables de l'Etat s'enrichissent et placent l'argent ainsi volé dans les banques étrangères. Dans cette situation intolérable, parce qu'il est habitué à régner sans partage et sans garde-fou, Houphouët-Boigny n'a pas craint d'étaler les fruits de son vol : « *Moi, j'ai des biens à l'étranger. Mais ce ne sont pas des biens de la Côte-d'Ivoire. Quel est l'homme sérieux dans le monde qui ne place pas une partie de ses biens en Suisse ? C'est la banque du monde entier. Et je serai, moi, fou de sacrifier l'avenir de mes enfants avec des fous comme ceux-ci sans penser à leur avenir ?...* » (16).

Dont acte, Monsieur le président. Les fous ont reçu le message. Face à cette situation dramatique, quelle devra être notre attitude ?

Vis-à-vis de l'étranger, nous devons tenir *tous* nos engagements et rembourser les dettes contractées en notre nom par le P.D.C.I. Il y a à cela deux raisons essentielles. D'une part sur le plan de l'éthique, nous disons qu'un peuple a toujours un peu le gouvernement qu'il mérite. C'est notre apathie qui a laissé les rapaces prospérer à la tête de l'Etat ; c'est la faiblesse de l'opposition qui a laissé perdurer le règne des voleurs, des incompétents et des irresponsables. Nous avons donc notre part de responsabilité dans la catastrophe que constitue le règne du P.D.C.I., et cette responsabilité, il nous faut l'assumer. Ce sera un héritage incontournable. Sachons seulement, dès à présent, que nous ne connaissons pas toute l'ampleur du mal et que la réalité risque d'être beaucoup plus tragique que ce que nous savons. D'autre part, le pragmatisme politique nous conduit à constater qu'aujourd'hui, quel que soit leur niveau de développement et leur orientation idéologique, tous les pays du monde empruntent. L'emprunt extérieur ne sera pas à la base de notre développement, mais nous ne devons pas nous priver d'un appoint qui se révèle souvent indispensable.

A l'intérieur, les voleurs devront restituer au peuple ce qu'ils lui ont pris. Ils devront être traduits devant les tribunaux avec toutes les garanties d'une justice équitable. Ils pourront être assistés d'avocats de leur choix, quelle que soit la nationalité de ces derniers. Pour nous ce procès revêt une importance capitale car il faut que

---

(16) *Fraternité-Matin* du mercredi 27 avril 1983, p. 19.

le pays soit informé de toutes les forfaitures de l'Etat-P.D.C.I. et que nous soient restitués les biens qu'on nous a volés et qu'on étale si fièrement aujourd'hui.

Il nous faudra enfin prendre des mesures très strictes pour réprimer la corruption, les surfacturations, mettre un terme aux dépenses de prestige, réglementer la sortie des devises et des capitaux...

L'agriculture

La Côte-d'Ivoire n'a pas réussi à sortir des pièges légués par l'agriculture coloniale. Depuis la fin de la « pacification » en 1920, l'accent a été mis sur les produits d'exportation au détriment de l'agriculture vivrière. Il faut renverser ce courant. Cela suppose une action en trois directions :

— En premier lieu, il importe de lutter contre la sahélisation du pays. Depuis le XIXe siècle en effet la forêt ivoirienne a été pillée du fait de l'exploitation anarchique des grumes et de l'extension des cultures agricoles d'exportation (café, cacao). La période de l'Indépendance a vu s'aggraver ce phénomène parce que la jeune République avait besoin de devises. De ce fait la couverture forestière est tombée de 10 millions d'hectares exploitables en 1956 à 4 millions seulement en 1976 (17). La création de la SODEFOR (18) en vue du reboisement est une chose excellente. Mais il faut faire plus et ériger la lutte contre la sahélisation en priorité nationale. Une telle politique implique aussi une action concertée et intégrée au niveau de la sous-région en accord avec nos voisins immédiats comme le Ghana, la Haute-Volta, le Niger, le Mali, la Guinée, le Libéria, la Sierra Leone, etc.

— En second lieu il faut stabiliser l'extension des cultures d'exportation (café, cacao) à leur niveau actuel. L'accent devra alors être mis sur l'amélioration des méthodes culturales avec notamment l'introduction de procédés modernes pour le désherbage pour rendre moins pénible la tâche du paysan ;

— Enfin et surtout, il faut mener une politique vi-

(17) *La Côte-d'Ivoire en chiffres*, édition 1980-1981, p. 164.
(18) La SODEFOR est une société d'Etat créée le 15 septembre 1966.

goureuse d'incitation à la production des cultures vivrières. En 1981, la Côte-d'Ivoire a importé plus de 30 milliards de F CFA de riz (19). Cela est intolérable pour un pays producteur de riz. Il faut assumer la formation des jeunes et mettre en place un système financier pour les aider à s'installer. Pour lancer la campagne de développement des cultures vivrières, on peut même penser à instituer pendant quelques années une prime à l'hectare.

L'industrialisation

Faisant, en matière d'industrialisation, le bilan de vingt années d'indépendance, le gouvernement ivoirien a été amené à faire l'amère constatation suivante :

> « *1. Les grandes entreprises restent encore beaucoup trop le fait de capitaux et de techniciens étrangers. Ces implantations, bien que localisées sur le territoire ivoirien, dépendent pour la plupart de centres de décision situés loin du pays, en Europe ou aux Etats-Unis. De ce fait, une grande partie des profits réalisés en Côte-d'Ivoire ne sont pas réinvestis sur place et ne profitent pas toujours au pays.*
>
> *Limiter le développement industriel de la Côte-d'Ivoire à des grandes unités d'origine étrangère risquerait donc à terme de compromettre gravement l'indépendance et l'équilibre économique du pays.*
>
> *2. Aucune économie moderne ne peut se contenter de quelques usines, aussi importantes soient-elles. Il lui faut un tissu industriel qui, pour être solide, doit être dense et ramifié, c'est-à-dire compter un grand nombre de petites unités, n'employant que quelques dizaines d'ouvriers...* » (20).

De ce constat nous pouvons dégager les maux qui frappent notre appareil industriel :

— la dépendance quasi totale vis-à-vis de l'étranger en matière d'hommes et de capitaux ;

— l'inadaptation des installations (dans leurs structures et dans leurs tailles) aux besoins du pays ;

— l'exportation des bénéfices au détriment d'un réinvestissement sur place.

---

(19) *Agri-82*, mai 1982, p. 44.
(20) *La Côte-d'Ivoire en chiffres*, édition 1979-1980, p. 123.

A ces maux, il faut en ajouter d'autres :

— le faible développement des ressources énergétiques ; en 1979, l'investissement dans l'énergie électrique était inférieur à 4 % du total des investissements du secteur industriel (21) ; c'est peu pour un pays neuf ;

— la faiblesse du marché national (22) ;

— la concentration des entreprises autour d'Abidjan qui souligne l'insuffisance des infrastructures ; cette situation rompt l'équilibre économique et démographique du pays ;

— l'exportation intégrale des matières premières d'origine minière ; en 1979, les investissements dans la première transformation des métaux n'ont représenté que... 1 % des investissements industriels (23) ;

— l'absence totale de recherche dans le domaine des industries de pointe.

Que faire devant cette situation ? Il ne s'agira pas pour nous de rompre avec les investissements privés qu'ils soient étrangers ou nationaux ; au contraire, il faudra les encourager par une politique contractuelle hardie, fondée sur la sincérité et les intérêts réciproques bien compris. Mais dans un pays neuf comme le nôtre, l'Etat doit prendre sa part de responsabilité en définissant une politique économique cohérente dans laquelle l'industrie sera un pilier esentiel du progrès national. Pour cela, nous proposons quelques axes de réflexions :

a) former les cadres nationaux à tous les échelons ; aucun sacrifice financier ne devra nous arrêter sur une telle voie ; sans hommes compétents, il ne peut y avoir d'industrie nationale ;

b) développer la recherche industrielle ;

c) promouvoir une grande politique énergétique ; plusieurs voies sont à utiliser de façon complémentaire : la coopération régionale, les petits barrages hydro-électriques, les centrales thermiques de petites dimensions, la recherche dans le domaine des énergies nouvelles... La politique énergétique doit tendre à abolir toute disparité

---

(21) *La Côte-d'Ivoire en chiffres*, édition 1980-1981, p. 190.
(22) Voir chapitre III.
(23) *La Côte-d'Ivoire en chiffres*, édition 1980-1981, p. 190.

régionale en matière d'industrialisation et permettre à la campagne d'entrer dans une nouvelle ère culturelle ;

d) encourager l'épargne nationale et l'orienter vers l'industrie ;

e) développer un grand secteur industriel public et mixte ;

f) assurer la survie de l'artisanat ;

g) aider à la dynamisation des petites et moyennes entreprises ;

h) abroger la loi n° 59-134 du 3 septembre 1959, dite « Code des Investissements privés en Côte-d'Ivoire ». Cette loi accorde aux entreprises industrielles étrangères des avantages exhorbitants au détriment de la Côte-d'Ivoire. Outre « *une exonération quinquennale des impôts sur les bénéfices industriels et commerciaux, sur les patentes, les contributions foncières et les taxes des biens de main-morte* », *ce code accorde aux entreprises dites prioritaires* « *des avantages douaniers, sous forme d'une exonération des droits d'entrée :*

— sur les matériels de production importés lors de la création de l'usine ;

— sur les matières premières importées, entrant dans la composition des produits finis ; cette exonération couvre une période de dix ans.

Par ailleurs, les entreprises agréées comme prioritaires bénéficient de certains avantages, tels que :

— une réduction des droits d'enregistrement et de timbre ;

— une exonération quinquennale de la taxe d'extraction des matériaux ;

— une exonération décennale de 50 % des droits de sortie, lorsque les produits de l'entreprise sont destinés à être exportés... » (24).

Il faut abroger cette loi et lui substituer une autre qui tienne compte de deux intérêts légitimes : celui de l'entrepreneur à faire des bénéfices et celui de la Côte-d'Ivoire à financer son industrialisation.

---

(24) *La Côte-d'Ivoire en chiffres*, édition 1980-1981, pp. 316 à 318.

Au plan social

Ici nos réflexions porteront sur la santé.

Les objectifs de la politique sanitaire doivent être de relever l'espérance de vie de chaque citoyen et de rendre la population bien portante car plus elle est en bonne santé, plus elle est apte à participer au progrès du pays. Or aujourd'hui, non seulement la médecine est curative et inégalitaire, mais il manque même le strict minimum dans les centres hospitaliers. A Abidjan même, il n'y a dans les hôpitaux ni nivaquine, ni coton hydrophile, ni alcool, etc. ; avant de se faire opérer, les malades achètent eux-mêmes les produits anesthésiants et les gants pour les praticiens ; il n'est pas rare de voir les médecins acheter de leurs propres poches les médicaments pour des malades trop pauvres ; il n'existe pour tout le pays qu'un seul centre pour prématurés qui n'a même pas dix couveuses ; ce centre n'est même pas une réalisation du gouvernement, mais un don d'une organisation charitative. Malgré leur compétence certaine et leur dévouement, les agents de la santé (Ivoiriens et étrangers) ne peuvent pas dans ces conditions soulager tous ceux qui les sollicitent. A Abidjan même, des centaines de femmes accouchent à même le sol parce que les maternités manquent de lits et d'équipements ; en pédiatrie, nombreuses sont les mères qui portent leur nourrisson dans la main gauche tandis qu'elles tiennent dans la main droite, audessus de leurs têtes, le ballon de sérum pour la perfusion : il n'y a pas assez de lits. Et je ne parle même pas de l'intérieur du pays où certains « hôpitaux » qui datent des années 1930 sont dans un état déprimant...

Les responsables du P.D.C.I. ne se préoccupent pas de ces problèmes parce qu'ils ne se soignent pas en Côte-d'Ivoire. Pour leurs traitements, y compris pour les accouchements de leurs épouses et de leurs proches parentes, ils prennent le chemin des hôpitaux et cliniques d'Europe.

Cet état contribue à la prolifération des cliniques privées, ce qui accentue l'inégalité devant la santé et la mort. Nous ne sommes pas contre l'existence de cliniques privées, mais nous disons que c'est un impératif pour l'Etat d'améliorer les services publics de santé et de faire en sorte qu'ils soient accessibles à tous les citoyens, surtout aux plus humbles d'entre eux.

Demain, la stratégie sanitaire devra faire une large place à la prévention avec la création d'équipes mobiles, tant à la ville qu'à la campagne, chargées de dépister les endémies. D'autre part, l'objectif à long terme sera de faire en sorte que dans chaque village il y ait au moins un médecin. Cet objectif étant long à atteindre à cause notamment des coûts de formation et d'acquisition des équipements, il faudra commencer à créer dans chaque région une école d'infirmiers et de sages-femmes pour qu'à moyen terme tous les villages soient dotés d'un centre de santé animé par un infirmier et une sage-femme.

Enfin, en attendant de pouvoir mettre sur pied un régime général de la Sécurité sociale, il faudra commencer à susciter la création de Mutuelles dans chaque corps socio-professionnel. La Fonction publique en a donné l'exemple. L'expérience doit être étendue avec une attention particulière pour le monde paysan.

Des relations extérieures

Les principes généraux

Les principes de base de notre politique extérieure seront le respect de notre souveraineté, le combat en faveur des droits de l'homme et la lutte anti-impérialiste.

L'exercice de notre souveraineté suppose que notre pays définisse lui-même, *de façon autonome*, tous les axes de sa politique, aussi bien intérieure qu'extérieure. Aujourd'hui la situation du régime ivoirien interdit à notre pays toute politique d'indépendance nationale. Il y a d'abord l'entourage immédiat de nos gouvernants. Vingt-six ans après l'arrivée du P.D.C.I. au pouvoir et vingt-trois ans après la proclamation de l'Indépendance, le directeur de Cabinet du président de la République, le secrétaire général du gouvernement, la secrétaire particulière du chef de l'Etat sont Français ; chaque ministre a au moins deux conseillers français ; le ministère de l'Economie et des Finances et celui du Plan sont littéralement envahis par les « coopérants » ; l'école des Forces armées est dirigée par un officier français ! ! !... Peut-on, dans ces conditions, parler de la définition d'une politique nationale ? D'autre part les investissements de prestige et la gabegie économique, entraînant des emprunts de plus en plus nombreux et fréquents à des conditions léonines, transforment nos dirigeants en piteux mendiants internationaux sans poids réel en face de leurs interlocuteurs. Enfin, l'anticommunisme primaire et fébrile d'Houphouët-Boigny transforme notre pays non pas en allié mais en vassal de l'Occident, lui interdisant de mener une politique équilibrée. Ainsi le P.D.C.I. dénonce l'intervention de l'U.R.S.S. en Afghanistan, ce qui est juste ; mais il a appuyé les interventions françaises au Shaba (Zaïre), a pris langue avec le régime d'apartheid de l'Afrique du Sud, reste muet sur les provocations américaines au Nicaragua après avoir fermé les yeux sur l'agression américaine au Vietnam... Ce n'est assurément pas là la marque d'une politique indépendante.

Notre peuple, parce qu'il aura connu la servitude du système colonial et la dictature houphouétiste, devra prêter une attention particulière aux gémissements des sans-voix qui croupissent dans les geôles des régimes dictatoriaux. Nous pensons que la lutte pour les droits de l'homme ne relève pas seulement d'une attitude morale ; il s'agit d'un acte éminemment politique si l'on veut éviter à notre malheureux monde les soubressauts pour le moment localisés qui risquent un jour de se transformer en une conflagration générale. Entre l'oppression et la liberté, nous serons toujours du côté de la liberté. Les gouvernants qui se taisent volontairement quand des dictateurs oppriment leurs peuples se disqualifient eux-mêmes et n'ont plus aucune crédibilité pour tenter de freiner la violence née de la juste révolte des opprimés. Il nous faudra adhérer à tous les accords internationaux garantissant les droits des gens et créer sur notre territoire un organisme compétent pour accorder le droit d'asile à tous ceux qui auront fui leur patrie ou en auront été bannis à cause de leurs opinions politiques, philosophiques ou religieuses.

La politique anti-impérialiste implique de notre part non seulement un combat incessant pour la mise en œuvre d'une politique d'indépendance nationale, mais une contribution *effective* à la lutte de libération des peuples opprimés. La décolonisation de la Namibie et de l'Afrique du Sud, la reconnaissance de la République Arabe

Sarahouie Démocratique (R.A.S.D.), le droit du peuple palestinien à une patrie, etc., voilà le chemin. Notre diplomatie devra en outre mettre l'accent sur le fait que *toutes* les bases militaires doivent retourner dans leurs pays d'origine et que les mers soient démilitarisées.

Le cas de la France

Après l'ère de la colonisation classique, la Côte-d'Ivoire est aujourd'hui l'exemple le plus réussi du néo-colonialisme français en Afrique. La domination française sur notre pays se manifeste dans tous les domaines : culture, défense, éducation, économie, politique...

Sur le plan de l'économie, les firmes coloniales françaises (S.C.O.A., C.F.A.O. ...) ont diversifié leurs domaines d'intervention depuis l'Indépendance et irriguent tous les secteurs d'activité en Côte-d'Ivoire. D'autre part, au niveau des échanges, la France demeure le premier client et le premier fournisseur de notre pays avec une balance commerciale en permanence déficitaire pour la Côte-d'Ivoire. Voici d'ailleurs le tableau des échanges entre les deux pays de 1960 à 1976 (25) :

---

(25) *Fraternité-Matin* du 17 janvier 1978.

Années	Exportations	Importations	Balance commerciale	Taux de couverture
1960	19 560	20 868	— 1 308	94 %
1961	22 540	26 673	— 4 133	85 %
1962	22 148	24 134	— 1 986	92 %
1963	26 615	27 662	— 1 047	96 %
1964	26 721	37 777	— 11 056	71 %
1965	25 771	36 420	— 10 649	71 %
1966	29 733	36 694	— 6 956	81 %
1967	29 981	35 934	— 5 954	83 %
1968	36 215	38 946	— 2 730	93 %
1969	37 112	39 966	— 2 854	93 %
1970	42 526	49 788	— 7 262	85 %
1971	42 210	51 778	— 9 568	82 %
1972	40 664	53 870	— 13 208	75 %
1973	49 219	69 700	— 20 481	71 %
1974	76 139	90 104	— 13 965	85 %
1975	69 116	94 883	— 25 767	73 %
1976	99 882	119 552	— 19 670	84 %

(valeur en millions de francs CFA)

Le déficit chronique de la balance commerciale ivoirienne à l'égard de la France n'est pas dû seulement à la nature inégalitaire du commerce international entre pays du Nord et du Sud puisqu'avec certains pays industrialisés comme l'Italie, la République fédérale d'Allemagne et les Etats-Unis d'Amérique, la Côte-d'Ivoire a un solde commercial très souvent positif (26). Le tableau doit s'analyser en termes de permanence des liens coloniaux entre la France et la Côte-d'Ivoire. Ces liens font que pour son équipement la Côte-d'Ivoire dépend presque exclusivement des industries françaises. Parce que cette situa-

(26) *La Côte-d'Ivoire en chiffres*, édition 1980-1981, pp. 47 à 57.

tion présente de grands inconvénients dont le moindre n'est pas la mise en péril de l'indépendance nationale, il nous faudra la transformer progressivement en agissant dans quatre directions :

— diversifier la coopération économique et financière ;

— encourager la bourgeoisie nationale à assumer sa responsabilité historique par un investissement et une épargne accrus ;

— créer les conditions d'une véritable épargne populaire ;

— assurer une participation de plus en plus importante de l'Etat au développement du pays.

Mais les rapports entre la France et la Côte-d'Ivoire ne se limitent pas aux seuls échanges commerciaux. Il y a ce qu'on appelle la « coopération ». A ce propos, nous allons évoquer, comme illustration, les problèmes liés à la défense.

La France entretient sur notre sol une base militaire implantée entre l'aéroport et le canal conduisant au port. La mission de cette armée, telle que la perçoivent quotidiennement les démocrates ivoiriens, est double :

— assurer le maintien au pouvoir du régime dictatorial d'Houphouët et le protéger contre toute forme d'opposition. La participation des soldats français au massacre des 4 000 paysans de Gagnoa en 1970 n'a jamais fait l'objet d'un démenti sérieux. Là-dessus, nous attendons toujours des éclaircissements. De toutes les façons, en vertu de l'accord du 24 avril 1961, « *les forces armées ivoiriennes peuvent faire appel pour leur soutien logistique au concours des forces armées françaises* » (27).

— exercer une pression constante sur les populations, les impressionner, afin d'empêcher la naissance d'éventuelles oppositions armées. Les manœuvres militaires périodiques dites franco-ivoiriennes ont d'ailleurs pour objectif d'accoutumer les soldats français aux conditions particulières de combat dans la brousse.

Enfin, avec la loi du 5 août 1961, le gouvernement ivoirien abdique totalement en confiant l'ensemble des pro-

(27) Annexe III, article 4.

blèmes de défense du territoire national à l'armée française (28) :

> « *Art. 3 — Chacune des parties contractantes s'engage à donner aux autres toutes facilités et toutes aides nécessaires à la défense et en particulier à la constitution, au stationnement, à la mise en condition et à l'emploi des forces de défense...*
>
> *Art. 4 — (...) Les facilités visées à l'article 3 concernent :*
>
> *La circulation sur les territoires, dans les espaces aériens et dans les eaux territoriales ;*
>
> *L'utilisation des infrastructures portuaire, maritime et fluviale, routière, ferroviaire, aérienne et des réseaux postaux et de télécommunications ;*
>
> *L'établissement et l'utilisation sur les territoires et dans les eaux territoriales des balisages aériens et maritimes et des moyens de transmissions des forces armées.*
>
> *Art. 5 — (...) Des plans de défense arrêtés en conseil régional de défense détermineront les conditions dans lesquelles il pourra être procédé, en cas de crise grave ou de menace de crise aux renforcements et mouvements nécessaires...* » (29).

Par l'annexe II à cette même loi, la France s'approprie tout simplement « *les matières premières et produits classés stratégiques* » qu'on pourrait éventuellement découvrir dans notre pays ; ce sont : les hydrocarbures liquides ou gazeux, l'uranium, le thorium, le lithium, le béryllium, etc. (30).

Ne faisant aucune exclusive, nous sommes désireux d'établir avec la France des rapports francs, loyaux et égalitaires. Cela implique que la coopération bilatérale entre elle et nous doit être décolonisée. C'est pourquoi deux mesures de clarification devront être prises immédiatement :

— le renvoi de la base militaire française chez elle ; cette mesure n'appelle aucune discussion ;

---

(28) En principe il s'agit d'un accord entre la France, la Côte-d'Ivoire, le Dahomey (Bénin actuel), le Niger. Mais tout le monde comprendra que ce n'est ni sur le Dahomey, ni sur le Niger que compte Houphouët-Boigny pour protéger son pouvoir.

(29) Annexes à la loi n° 61-248 du 5 août 1961 ; annexe I, articles 3, 4 et 5.

(30) *Idem*, annexe II, article premier.

— la renégociation de l'ensemble des accords de « coopération » passés entre la France et le régime d'Houphouët-Boigny.

*
* *

Face à tous les problèmes soulevés dans ce livre, des camarades m'ont demandé de rédiger ce texte afin qu'il serve de base de discussion pour la préparation de l'alternative démocratique en Côte-d'Ivoire. Notre pays est malade du P.D.C.I.. Nous avons donc décidé de proposer à la nation un remède capable de nous éviter de tomber dans la spirale de violence ouverte que nous prépare Houphouët avec sa politique faite de frustration, d'amertume, de pillages, de spoliation et de dépersonnalisation. Au moment où j'achève la rédaction de cet ouvrage, j'apprends qu'Houphouët est en train de se démener pour ériger son village de Yamoussoukro en capitale de notre pays. Qu'il y aille donc. Transfert coûteux — à tous les points de vue — et injustifiable, dont l'objectif unique est de satisfaire une lubie ancienne du vieux monarque. Précédent dangereux qui pourrait être évoqué demain pour justifier tous les errements des futurs chefs d'Etat de la Côte-d'Ivoire. Mais l'avenir de la Côte-d'Ivoire, ce n'est pas le problème d'Houphouët-Boigny dont le souci est de réaliser de son vivant tous ses rêves, tous ses fantasmes. Qu'il aille donc à Yamoussoukro ! Le P.D.C.I. y sera enterré et le gouvernement de la République reviendra à Abidjan.

Complots fictifs, arrestations arbitraires, bastonnades, assassinats collectifs et individuels, spoliation du peuple, gabegie..., telles sont les méthodes de gouvernement de l'empereur sans couronne et de sa troupe. Il faut mettre fin à ces méthodes dictatoriales.

Nous lançons un appel pressant à tous les patriotes qui, inlassablement, luttent depuis des années sur le terrain. Nous les engageons à ouvrir instamment le débat sur cet ouvrage et à engager les négociations entre organisations en vue de la bataille pour que la Côte-d'Ivoire naisse à la vie démocratique. Je pense qu'il est bon que ce débat et ces négociations prennent en compte les cinq points suivants :

1) La vigilance militante doit être de rigueur ; mais

elle ne doit pousser ni au sectarisme, ni à l'exclusive. Il faut que chaque camarade et chaque organisation expriment ses idées pourvu que celles-ci concourrent à la naissance d'une vie démocratique dans notre pays.

2) La base du changement d'aujourd'hui ? Permettre à chaque Ivoirien de s'exprimer librement ; permettre à chaque Ivoirien de se mobiliser dans l'organisation politique de son choix ; rendre chaque Ivoirien responsable du destin de son pays ; permettre à chacun de jouir du fruit de son labeur ; faire en sorte que le peuple de Côte-d'Ivoire puisse avoir un contrôle sur la gestion des affaires de son pays ; faire échec à la dictature et à tous ceux qui concourrent à son maintien ; écarter les spoliateurs, les voleurs, les malfrats. En somme recouvrer notre dignité en faisant entrer le peuple de Côte-d'Ivoire dans son pays.

3) L'aspiration au changement est profonde. Il nous faut jeter les bases d'un vaste mouvement pour prendre en compte cette aspiration légitime de notre peuple. Ce mouvement doit être laïc. Animistes, musulmans, chrétiens, athées..., tout le monde doit lutter ensemble, au coude à coude, pour sauver notre patrie en déperdition.

4) Ce vaste mouvement démocratique doit être un défi au P.D.C.I. qui fait du tribalisme une arme maîtresse de sa politique. En jetant le discrédit sur telle ou telle ethnie à la faveur de problèmes nationaux, Houphouët brise l'élan de notre peuple qui sait qu'il ne trouvera son salut que dans l'unité nationale. Non content de cela, Houphouët proclame maintenant tout haut qu'il forme les gouvernements de la République en faisant des cocktails tribaux ; c'est le sens du remaniement ministériel survenu le lundi 2 février 1981 (31) : un tel devient ministre non pas parce qu'il est compétent et qu'il partage l'orientation politique du chef du gouvernement, mais parce qu'il est de telle ethnie qui doit être représentée. Eh bien ! nous relèverons ce défi.

5) Quelle forme devra prendre ce mouvement démocratique ? La réponse à cette question sera naturellement connue à l'issue des débats et négociations. Pour ma part, je pense que les camarades doivent éviter le piège des micro-organisations qui ne peuvent que se marginaliser

---

(31) *Fraternité-Matin*, n° 4883 du mercredi 4 février 1981.

à la longue, sans prise réelle sur la politique du pays ; l'exemple de certains pays doit nous instruire. C'est pourquoi je propose que dans la phase actuelle du combat, nous mettions sur pied un grand parti reflétant toutes les sensibilités de l'opposition démocratique. Une telle démarche me paraît plus opérationnelle.

Ce sont là des points autour desquels, me semble-t-il, le débat devrait pouvoir s'engager.

Il n'est pas question pour ce livre de proposer un programme de gouvernement. Un tel texte n'interviendra qu'après qu'un bon accord soit intervenu entre toutes les parties.

La lutte doit viser essentiellement dans un premier temps à passer d'une situation caractérisée par l'arbitraire à une situation de droit. Il nous faut nous battre pour créer un cadre de légalité constitutionnelle permettant à tous les citoyens d'exprimer leurs sensibilités à travers des partis et organisations et empêchant le P.D.C.I. de continuer à frapper clandestinement tous ceux qui s'opposent à ses diktats.

Cette lutte pour la naissance de notre pays à la légalité constitutionnelle, cette lutte pour la dignité doit être en même temps, et c'est l'évidence même, une lutte pour la liberté d'information et pour la liberté syndicale.

Mais pour que la légalité constitutionnelle soit une réalité, pour que les textes de loi aient une résonance démocratique et aillent dans le sens de la résolution des problèmes réels du pays, il faut que la nature du législateur change. C'est pourquoi je propose que nous formions un vaste mouvement qui entreprendra dès que les conditions le permettront, une vigoureuse campagne pour enlever l'immense majorité des sièges à l'Assemblée nationale. Nous en avons les moyens. Nous en avons les capacités. Et c'est précisément parce que le P.D.C.I. sait que sur le terrain du débat ouvert il est incapable de nous contenir qu'il persiste à s'enfermer dans la répression. Courage, camarades ! Forts du soutien du peuple, nous contraindrons ce parti de godillots à sortir de sa tanière et à nous affronter à ciel ouvert, loyalement, légalement. Alors le soleil se lèvera au-dessus de notre pays.

Hauts les cœurs camarades ! Le peuple de Côte-d'Ivoire triomphera de ses oppresseurs et de ses spoliateurs. Le chemin dans lequel nous nous sommes engagés depuis longtemps est dur ; très dur même. Mais la certitude inébranlable de la victoire finale de notre peuple sur les forces du déclin doit nous pousser constamment vers l'avant. Pour ma part, je ne me suis jamais dissimulé qu'un tel choix pourrait me conduire à perdre tous les avantages matériels liés à ma fonction ; qu'un tel choix pourrait me conduire à me séparer de ceux que j'aime ; qu'un tel choix pourrait me conduire à perdre la vie. Mais c'est précisément là la rançon de la liberté.

Hauts les cœurs camarades. La liberté vaincra.

Table

622572 - Octobre 2015
Achevé d'imprimer par

1livre.com
du rêve à la réalité !

Made in the USA
Monee, IL
23 March 2023

30390460R00105